아이가 집단생활을 시작합니다

아이가 집단생활을 시작합니다

집단생활이 서툰 아이를 위한 육아 서포트북

엔도 유사쿠 · 사사다 유미코 **지음** | 송소정 **옮김**

북뭉스

어느덧 소아과 의사로 지낸 지 25년이 되었습니다. 그동안 날마다 발달장애와 지적장애, 지체장애, 중증심신장애를 가진 아이들을 진료했습니다.

지금까지 많은 아이들을 만났고 또 그만큼 많은 아이들의 가족을 만났습니다. 최근에는 어릴 때부터 병원에 다녔던 아이가 엄마가 되어 그 자녀도 함께 진찰을 받은 일도 있습니다.

이 책은 집단생활에 어려움을 겪는 아이를 양육하는 부모님들에게 도움이 되길 바라는 마음으로 여러 가지 조언을 실었습니다. 제 경험은 물론이고, 제가 진료실에서 만났던 많은 아이들과 그 가족의 경험을 담았습니다. 또한 전 세계 아이들과 그 가족을 대상으로 한 연구에 바탕해 꼭 필요한 육아 기술을 알려 드리고 있습니다.

집단생활 속에서 고생하는 아이를 보면서 부모님들도 수없이 많은 괴로운 밤을 보내셨겠지요. 작은 발걸음이나마 나아간다면 괜찮습니다. 이 책을 통해 아이를 조금씩 도와줘 보세요. 엄마 품을 떠나 세상으로 나아가는 아이의 그 작은 발걸음을 힘차게 응원해 주세요.

　이 세상에는 아이의 수만큼 수많은 가족이 있고, 아이의 개성이 다른 만큼 가족의 개성도 모두 다릅니다. 때문에 육아에 정답은 없기에 많은 부모님들이 힘들어하는 것이지요. 하지만 어려워도 한편으로는 즐겁고 보람 있는 것이 육아라고 생각합니다.

　완벽하지 않아도 됩니다.

　실수해도 괜찮습니다.

　피곤하다면 쉬어도 좋습니다.

　'뭐 괜찮아' 하는 마음으로 너무 완벽하려 애쓰지 말고 조금은 어깨에 힘을 빼고 아이와 발 맞추어 나아가도록 해요.

　제가 지금까지의 경험을 통해서 얻은 작은 팁들이 알기 쉽게 전달되면 좋겠습니다. 저의 조언들이 아이와 부모님의 삶에서 웃음꽃으로 피어난다면 더없이 기쁠 것입니다.

같이 놀자   그래, 좋아!

선생님 있잖아요······
응응

Part 2 아이가 초등학교에 갔을 때 상황별 조언

오늘은
안 갈래~

Part 3 엄마의 육아가 쉬워지는 상황별 조언

Part 4 소아과 의사로서 드리는 조언

Part 5
자기긍정감과 사회성을 키우는 현실밀착 육아 스킬

두리번 두리번

● **일러 두기**

이 책에서 다루는 사례는 부모님들이 흔히 하는 걱정과 고민을 담은 것입니다. 책에 실린 방법이 모든 분에게 적합한 것은 아니며, 또한 증상이 들어맞는다고 해서 확실히 어떤 병증이 있는 것도 아닙니다. 어디까지나 대표적인 고민과 사례를 실은 것으로 아이를 키우실 때 참고하여 작은 도움이 된다면 좋겠습니다. 더불어 아이의 상황이 걱정되는 경우에는 가까운 상담 센터나 전문 의료 기관에 상담하시길 권유드립니다.

이 책을 읽는 법

❶ 내 아이의 기질별 특성을 파악해 보세요.

가장 먼저 집단생활에 적응하지 못하는 아이들을 유형별로 정리해 놓았습니다. 아이가 어떤 기질을 가지고 있는지 파악하면 도움을 주기도 쉽습니다.

❷ '이럴 땐 이렇게' 상황별 맞춤 가이드를 따라 해 보세요.

2장과 3장에서는 아이들과 부모님이 겪을 수 있는 어려움을 유치원 시기와 초등학교 시기로 나눠 상황별로 정리했습니다. 왼쪽 페이지는 각각의 문제를 담았고, 오른쪽 페이지에는 해결해 줄 조언을 담았습니다. 각각의 문제와 조언은 대응하기 때문에 읽고 싶은 부분만 읽어도 이해할 수 있습니다.

❸ 아이의 자기긍정감과 사회성을 키우는 육아 스킬을 배워 보세요.

평소에 아이를 대할 때 자기긍정감과 사회성을 키울 수 있는 육아 스킬을 적용해 보세요. 언제 어디에서든 자신 있고, 누구와도 잘 어울리는 아이로 자라날 거예요.

집단생활을 어려워하는 아이들 유형

집단생활은 아이의 사회성을 키우는 중요한 경험입니다. 하지만 아이들 중에는 낯을 심하게 가리거나 다른 아이들과 발맞추어 행동하지 못하는 아이도 있습니다. 그런 행동에는 모두 이유가 있습니다. 여기에서는 집단생활에서 어려움을 겪는 아이들을 유형별로 정리했습니다. 내 아이가 어느 유형에 속하는지 알아 두면 도움을 주기 쉽습니다.

유치원에서

아이는 유치원과 어린이집에서 최초의 집단생활을 시작합니다. 이때 아이와 부모는 지금까지와는 다른 어려움을 맞닥뜨립니다.

쉽게 불안해하고 예민한 아이

처음 맞이하는 상황에 서툴어 익숙해지는 데 시간이 걸리고,
평소와 조금이라도 다르면 불편함을 느끼는 등 불안한 마음을 가지고 있습니다.

부모님과 떨어지지 못한다

어릴 때부터 낯가림이 심해 공원이나 놀이터 등 어디를 가도 다른 아이들과 어울리지 못하고, 누군가 말을 걸어도 대답을 하지 않아 걱정이었습니다. 유치원에 다니기 시작하면서는 아침에 부모님과 떨어지지 못하는 것이 최대 고민입니다. 떨어지기 싫다고 큰 소리로 울다가 결국엔 억지로 끌려가듯 교실로 들어갑니다. 심한 경우 "익숙해질 때까지 아이와 있는 시간을 늘려 주세요"라는 선생님의 말을 듣고 부모님이 일을 쉬며 하루 종일 옆에 붙어 있는 경우도 있습니다.

다른 아이를 야단치는 소리도 싫어한다

선생님이 다른 아이를 꾸짖어도 마치 자기가 혼나는 것처럼 느껴 유치원에 가지 않으려 합니다. 아이들이 떠드는 소리나 갑자기 울리는 구급차 경적 소리 같은 큰 소리를 싫어해, 피하려고 손으로 귀를 막는 일이 자주 있습니다. 주변 아이들은 그렇게까지 반응하지 않는데, 어째서 우리 아이만 이렇게 싫어할까 싶어 부모님은 골머리를 앓습니다. 시끄러운 장소나 사람이 많이 모이는 장소에 있으면 녹초가 되어 피곤해하는 경우도 있습니다.

친구와 문제를 일으키는 아이

친구와 놀고 싶은 마음은 있지만 정작 행동은 자기 멋대로 하고 맙니다.
나쁜 뜻은 없음에도 친구와 잘 어울리지 못하는 경우가 있습니다.

· · · · · ·

친구를 거칠게 대한다

흥미로운 장난감이나 놀잇감을 발견하면 다른
아이는 아랑곳하지 않고 독차지하려는 아이들
이 있습니다. 친구가 놀고 있는 장난감을 가지고
놀고 싶으면 친구를 때려서라도 가로채고, 기분
좋아합니다. 선생님에게 혼이 나도 손에 넣은 장
난감을 놓지 못하고 무심코 친구에게 손이 나가
고 맙니다. 아이가 친구를 때리고 발로 차고 물
건을 던지는 행동을 하는 경우, 그 이유를 생각
해 볼 필요가 있습니다. 흔치 않지만 어딘가에서
누군가로부터 맞고 있을 가능성도 배제하지 말
아야 합니다.

집요하고 집착이 심하다

그저 붙임성 있는 아이라 생각했는데 정작 아이
들과 노는 모습을 보면, 친구에게 집요하게 굴거
나 지나치게 붙어 있으려는 경우가 있습니다. 끈
덕지게 말을 걸거나 매달려서 처음에는 좋아하
던 친구도 결국에는 싫어하며 피해 버리기도 합
니다. 친구가 싫어한다는 것을 눈치채지 못하는
아이의 경우, 악의는 없지만 천진하게 쫓아다니
다 결국엔 고립되기도 합니다. 사람 사이의 거리
감을 파악하지 못해 이와 같은 문제가 일어나는
경우입니다.

마이 웨이 유형의 아이

모두가 같은 활동을 하는 상황에서 혼자만 다른 활동을 하는 경우가 있습니다.
분위기를 읽지 못하고 생각하는 그대로 말하기도 합니다.

· · · · · ·

혼자만 다른 활동을 한다

예를 들면 유치원 만들기 시간에 선생님이 "지금부터 꽃 장식을 만들 거예요"라며 순서를 설명했다고 합시다. 마이 웨이 유형인 아이는 그 활동에 흥미를 느끼지 못해 그저 재료를 가지고 놀거나 다른 흥미로운 것을 찾아 자리를 벗어나 버리기도 합니다. 처음부터 선생님의 지시가 자신이 아니라 전체를 향한 것이면 이해하지 못하는 경우도 있습니다. 아이는 집단행동에서 뒤처지면서 잦은 주의를 받게 되고 결국 의욕이 쉽게 떨어집니다.

가위를 사용할 거예요~

네~에

또 다른 놀이를 시작하고 있어······

애, 애, 기다리고 있잖아

분위기를 읽지 못한다

자신이 흥미 있는 것에만 느닷없이 말을 걸고, 친구가 다른 이야기를 하면 거기에 대해서는 대답을 하지 않는 경우가 있습니다. 생각한 것을 그대로 말해 버리는 경향이 있어 '뚱뚱해'와 같은 실례되는 말을 해 친구가 떠나는 일도 있습니다. 그 밖에 농담이나 빈정거림을 알아차리지 못하는 경우도 있습니다. 말을 문자 그대로 받아들여 화를 내기도 하고, 빈정거림을 눈치채지 못해 심한 말을 듣기도 합니다.

저쪽에서 놀아

뭐라고?

흥

초등학교에서

유치원과 달리 학교에서는 더욱더 협동심이 요구됩니다. 공부 면에서 순조롭게 나아가지 못하고 있다는 점을 부모가 눈치채기 시작하는 것도 이 무렵입니다.

집중력이 떨어지고 산만한 아이

얌전히 있어야 하는 때에 가만히 앉아 있지 못하고 돌아다니는 일이 잦습니다.
마지못해 앉아 있어도 자세가 자꾸 무너집니다. 새치기를 해서 문제를 일으키기도 합니다.

가만히 앉아 있기를 어려워한다

어릴 때 길을 잃고 헤맨 적이 있고, 외식을 할 때도 식당을 돌아다니는 일이 많아서 부모의 걱정을 삽니다. 순서를 기다리는 일을 잘하지 못하기 때문에 줄이 있어도 갑자기 새치기를 해서 친구의 원성을 사기도 합니다. 이런 아이에게 수업 중에 조용히 자리에 앉아 있는 것은 정말 힘든 일입니다. 신경 쓰이는 일이 있으면 바로 자리에서 일어나 확인하러 가야 직성이 풀리는 경우가 많습니다.

자세가 바르지 못하다

수업 중에 책상에 갑자기 엎드리거나 의자를 덜컹덜컹 흔듭니다. 책상을 앞뒤로 움직이며 다른 친구들의 수업을 방해해 선생님께 주의를 받습니다. 아이는 수업을 듣고 있다고 하지만, 선생님이 볼 때는 전혀 듣고 있지 않는 것처럼 보여 야단을 맞고 그로 인해 자기긍정감이 낮아집니다. 몸을 사용하는 법이 서투르므로 책상이나 의자의 높이를 조절해 바른 자세를 만들어 주고, 몸통의 코어를 튼튼하게 하는 운동으로 도와주어야 합니다.

자기 고집이 센 아이

자기 마음대로 되지 않으면 막무가내로 떼를 씁니다.
계획이 변경되는 것을 싫어하고 지는 것을 참지 못합니다.

· · · · · ·

나만의 규칙이 있다

아이들은 경험을 통해 법칙이나 루틴을 만들어
냅니다. 어릴 때 자신만의 규칙을 고집하는 것은
자연스러운 흐름이라고 볼 수 있지요. 식사 때
꼭 아빠 옆자리에 앉거나 마음에 드는 옷을 입어
야 하는 등의 사소한 고집이 그 예입니다. 하지
만 그 뜻을 꺾으려고 하면 아이가 혼란스러워하
는 경우는 문제가 됩니다. 이럴 경우 초등학생이
되고 나서 발표 순서가 바뀌거나 숙제를 잊어버
리는 일이 생기면 극도로 불안해하기도 합니다.

지는 것을 참지 못한다

가위바위보 게임에서 지거나 줄 앞에 서지 못하
거나 술래잡기에서 술래한테 잡히거나 하는 것
만으로도 이 세상이 끝난 듯 울며 억울해하는 아
이들이 있습니다. 져서 분한 마음을 가지는 건
성장한다는 증거이지만, 그런 까닭으로 난폭하
게 굴거나 상대를 때리거나 한다면 자란 후에 고
생을 할 가능성이 있습니다. 상황이 잘 풀렸을
때는 '해냈어!', 졌을 때에는 '분하다'라고 말하
며 적절하게 감정을 배출하는 법을 연습하도록
해 주세요.

공부에 어려움이 있는 아이

수업 내용을 이해하지 못해 학교 생활이 즐겁지 않다고 느낍니다.
읽기, 쓰기, 계산 중 어느 한 가지만 서툰 경우도 있습니다.
공부에 어려움을 겪는 원인은 다양해서 아이에게 맞는 적절한 도움이 필요합니다.

· · · · · ·

이해에 문제가 있다

초등학교 입학 후 교과 학습 내용을 따라 가지 못
해 힘들어합니다. 대표적으로 이해를 잘하지 못하
는 경우, 읽고 쓰기에 서툰 경우, 계산을 어려워하
는 경우가 있습니다. 이해에 문제가 있는 경우는
보통 집단수업에서 들은 설명을 알아듣기 어려워
합니다. 하지만 따로 설명을 하거나 시간을 들이
면 이해를 합니다. 대개 학급 전체를 대상으로 하
는 간단한 지시사항도 제대로 전달되지 않습니다.

읽고 쓰기에 문제가 있다

당연히 할 수 있을 거라 믿어서 쉽게 간과하는 것
이 읽고 쓰기입니다. 소리 내어 읽어 보게 하면 몇
번이고 같은 부분을 읽거나, 문장을 구분해 읽는
것을 어려워합니다. 받아쓰기를 할 때 시간이 지
나치게 걸린다거나 글자를 몇 번이고 연습해도 외
우지 못하며 쓰는 순서도 뒤죽박죽인 경우도 있습
니다. 아이가 어느 부분을 어려워하고 있는지 부
모님과 담임 선생님이 파악하여 적절한 지원을 할
필요가 있습니다.

누구나 잘하는 것이 있다는 사실을 잊지 마세요

Q 아이가 학교에 가니 부족한 점이 많이 보입니다. 공부를 잘하는 것도 아니고 친구들과 두루두루 어울리지도 못해서 걱정이 많이 됩니다.

A 아이가 어릴 때는 생일이 늦고 빠른 것만으로도 발달에 큰 차이를 보입니다. 때문에 '우리 애가 기관에 가서 잘할 수 있을까?' 하는 불안한 마음이 드는 부모님들도 적지 않겠지요. 특히 유치원이나 학교에 입학한 직후는 아이가 겪는 어려움이 본격적으로 드러나기 때문에 부모님들의 걱정은 깊어집니다.

그럴 때 부모님들이 알아 두면 좋은 점이 세 가지 있습니다. 첫째, 어떤 아이라도 반드시 성장합니다. 둘째, 어떤 아이라도 반드시 잘하는 것과 잘하지 못하는 것이 있습니다. 셋째, 잘하지 못하는 것도 계속 하다 보면 숙달됩니다. 아이들은 저마다 발달 속도가 다르고, 잘하는 것과 잘하지 못하는 것이 다릅니다. 아이의 반년 전, 1년 전을 떠올려 보세요. 분명 그때는 하지 못했던 것을 지금은 할 수 있게 되었을 것입니다. 아이의 부족한 부분에만 관심을 가지지 말고 조금이라도 나아간다는 마음으로 날마다 아이를 응원해 주는 것이 어떨까요?

어떤 아이라도 반드시 잘하는 것이 있습니다. 부족한 부분에 집중하다 아이의 재능을 놓치는 일이 없어야 할 것입니다.

part 1

아 이 가 유 치 원 에 갔 을 때 상황별 조언

어린이집, 놀이학교, 유치원은 아이가 처음으로 집단생활을 경험하는 곳입니다. 모두와 발을 맞춰 생활하는 일은 의외로 힘듭니다. 집에서는 경험하지 못했던 어려움이 나타나는 시기이기도 합니다. 상황에 맞는 적절한 도움이 있다면 슬기롭게 극복해 나갈 수 있습니다.

1
유 치 원
가 기 를
싫 어 해 요

유치원과 어린이집은 아이에게
최초의 사회입니다. 가족이 아닌
다른 사람들 사이에서 아이가 안
정을 느끼는 것이 중요합니다.

도움이 되는 육아 스킬

할 일은 적어서
보여 주기

112쪽

산만해지는
물건은 숨기기

113쪽

상황1 엄마와 떨어지지 않으려고 해요.

상황 2 새로운 사람, 일, 장소를 싫어해요.

아…
친구가 저기에서
놀고 있네?

아이와 떨어질 때는 미련 없이 가야 아이가 새로운 장소에 적응할 수 있습니다. 아이 주변에는 보호자가 아닌 다른 어른이 함께 있으면 됩니다. 부모가 머뭇거리는 태도를 보이면 역효과만 나타납니다.

난이도 ★★☆☆☆ ···

* 난이도의 별이 많을수록 차분히 시간을 들여야 합니다. 별이 적을수록 조금만 도와줘도 아이는 쉽게 달라집니다.

1 아이와 떨어질 때는 미련 없이

아이가 유치원에 입학하면 모든 것이 처음이지요. 처음 가는 곳, 처음 보는 사람, 처음 하는 일 투성이에요. 아이가 안심할 수 있는 선생님이나 친구가 생길 때까지 유치원과 어린이집은 불편할 거예요. 아이가 조금이라도 빨리 선생님이나 친구들과 익숙해지길 바란다면, 아이를 선생님에게 맡기고 머뭇거리지 말고 떠나야 해요.

2 미리 가 보고, 미리 해 보세요

처음 하는 행사, 님들 앞에 나서는 일이나 원외 보육처럼 평소와 다른 일과를 싫어하는 아이도 있어요. 처음 대하는 장소는 가능하다면 미리 가 보고, 처음 하는 일은 엄마와 사전에 연습해 보거나 참고할 만한 사진과 영상으로 미리 대비하세요. 또 아이가 어려워하는 일은 조금 쉬운 역할이나 내용으로 바꿔 가정에서 연습해 보면서 아이가 '괜찮아. 이제 안심이 된다'라는 생각을 할 수 있게 해 주세요.

2

혼자만 다른 행동을 해 요

모두가 같은 행동을 해야 하는 집
단생활에서 혼자만 다른 행동을
하는 것은 아이의 자기긍정감을
떨어뜨리기도 합니다.

상황 1 선생님의 지시를
이해하지 못해요.

상황 2 지시를 받은 내용을
알고 있어도 그 활동을
하지 않으려 해요.

상황 3 활동 시간이 길어지면
싫증을 내요.

상황 4 주변의 장난감이나 책,
창밖의 차 등에 주의를
빼앗겨 곧잘 산만해져요.

상황 5 소리, 빛, 냄새, 어둠 등
싫어하는 자극에
돌발 행동을 자주 해요.

아이가 모두와 같은 행동을 하지 못하는 것에는 이유가 있습니다. 이해나 흥미가 부족한 경우, 과제와 환경 설정이 적절하게 되어 있지 않은 경우, 지나치게 예민한 경우 등이지요. 선생님의 도움이 많이 필요하니 긴밀하게 상의하세요.

난이도 ★★☆☆☆ ···

1 개별적으로 말을 걸어 주세요

모두에게 하는 말은 자신에게 하는 말이 아니라고 느끼는 아이들이 있습니다. 선생님께 이름을 부르며 지시하도록 부탁해 보세요.

2 다른 역할을 제안해 보세요

활동 자체에 흥미가 없어 움직이지 않는 아이에게는 하고 싶은 역할이 있는지 물어보며 다른 역할을 줘 보세요.

3 다른 활동들과 조합해 변화를 주세요

쉽게 싫증을 내는 아이만 활동 시간을 줄여 주는 것은 좋은 방법이 아니에요. 조금씩 활동을 변형해서 제시하면 새롭게 느낍니다.

4 선반이나 창문에 커튼을 달아 보세요

산만한 아이에게는 자극이 적은 환경이 좋습니다. 유치원을 선택할 때도 너무 많은 장난감과 교구가 있는 곳은 피하는 것이 좋습니다.

5 어떤 자극에 예민한지 파악해 보세요

소리에 예민한 아이라면 음악을 틀기 전에 미리 알려 주기만 해도 도움이 많이 됩니다. 필요하다면 귀마개나 이어폰 등 대처할 수 있는 물건도 준비해 주세요.

3
친구와 사이좋게 지내지 못해요

이 시기 아이들은 자기중심적이기 때문에 상대의 기분을 생각해 행동하기가 어렵습니다. 따라서 자신의 기분을 지나치게 강하게 나타내는 일도 종종 있습니다.

상황 1 자기중심적: 친구의 장난감을 뺏거나 순서를 기다리지 못해요.

상황 2 정의의 사도: 고자질을 하거나 친구에게 선생님처럼 말해요.

상황 3 눈치제로: 친구가 싫어하는데도 알지 못해요.

시간이 어느 정도 지나도 친구들의 무리에 들어가지 못하는 아이에게는 어른의 도움이 필요합니다. 친구 사이의 간단한 규칙을 알려 주거나, 상황에 맞는 말을 어른이 귀엣말로 알려 주기만 해도 좋아집니다.

난이도 ★★★☆☆ ••

1 사전에 규칙을 알려 주세요

친구 사이의 문제는 자유활동시간에 일어나기 쉬워요. 등원하기 전에 엄마와 유치원에서 지켜야 하는 규칙을 말해 보면 좋아요. 곤란한 일이 생겼을 때는 어떻게 하지? 친구 장난감이 가지고 싶을 때는 어떻게 하지? 바깥에서 놀고 싶을 때는? 미리 규칙을 정하고 아이가 그 규칙 안에서 행동할 수 있도록 도와주세요. 만약 아이가 친구의 물건을 빼앗고 제대로 사과하지 않았다면, 사과를 종용하기보다 왜 빼앗았는지 되돌아보는 것이 더 중요해요.

친구와 함께 쓸 때는 어떻게 할 거니?

네, 그러니까……
순서대로 쓸 거예요.

선생님 있잖아요……

응응

2 3 생각을 말하는 요령을 알려 주세요

상대의 기분을 생각하여 말하는 방법을 잘 모르기 때문에 생기는 문제예요. 요령만 알려 주면 쉽게 달라질 수 있어요. 선생님에게 친구의 잘못된 행동을 전할 때는 큰 소리로 말하지 않고 전하는 요령을 알려 주세요. 친구와 같이 놀고 싶을 때도 '함께 블록 놀이를 하자', '나도 끼워 줘' 등 듣기 좋은 말로 권하도록 가르쳐 주세요. 사소한 말 한마디가 얼마나 중요한지 자연스럽게 알아 갈 거예요.

같이
놀자

응! 놀자

4
규칙 있는 놀이를 어려워해요

유치원에서 하는 집단놀이에는 규칙이 있는 경우가 많아요. 규칙을 이해하지 못하거나 하고 싶은 마음이나 하기 싫은 마음을 참지 못하면 문제가 생길 수 있습니다.

상황 1 규칙을 이해하지 못해요.

상황 2 규칙은 아는데 조금만 불리해도 놀이를 그만둬요.

도움이 되는 육아 스킬

미리 알려 주기

110쪽

할 일은 적어서 보여 주기

112쪽

이렇게
도와주세요

아이가 규칙을 이해하는 것이 어려운 경우, 상황을 최대한 단순하게 만들어 참여하게 해 보세요. 그 속에서 규칙을 조금씩 이해하게 만들어 주세요. 하고 싶은 마음이나 하기 싫은 마음을 조절하지 못하는 등 상대에게 맞추는 일을 어려워하는 경우는 상황에 따른 행동 수준을 미리 정해 놓고 지키게 해 보세요.

난이도 ★★★★☆

1 최대한 단순하게 가르쳐 주세요

직접 몸으로 하며 규칙을 배우는 것이 가장 좋습니다. 예를 들어 술래잡기할 때, 어른과 함께 도망치는 역할이나 술래 역할을 하면서 규칙을 배우게 하세요. 이때 도망치는 범위를 교실로 한정하는 등 규칙을 시각화하고 단순화시키세요. 공놀이나 다른 놀이에도 마찬가지로 적용해 보세요.

자
꺄꺄

네~에
굉장해
이제 딱 한 번만
더 공을 던지자!

2 최대한 자세하게 규칙을 정하세요

'술래가 되어도 세 번까지는 참여한다', '곤란한 일이 생기면 선생님에게 이야기한다', '한 번 참여했다면 다음에는 좋아하는 놀이를 해도 좋다'와 같이 구체적으로 규칙을 정해 주세요. 벌어질 수 있는 다양한 상황에서 아이가 당황하지 않게 만드는 것이 핵심입니다.

5

이야기를 듣지 않고 혼자서 떠들어요

아이가 일방적으로 말을 해도 상대가 어른이라면 아이에게 맞춰 줄 수 있습니다. 하지만 아이들끼리라면 관계를 원만하게 맺지 못하기도 합니다.

도움이 되는 육아 스킬

미리
알려 주기

110쪽

60초 이내에
칭찬하기

116쪽

상황1 친구의 대답도 듣지 않고 수다스럽게 말해요.

나는 있잖아 ○○○야.
저기 ○○○는 뭐야?
○○○ 뭐니?

상황2 이 말 저 말 가리지 않고 무조건 떠들어요.

아이를 도와줄 때는 변할 수 있는 환경을 조성해 주거나 규칙이나 예절을 직접 경험해 보도록 하는 것이 좋습니다. 이때 노력한 부분이나 잘한 부분은 구체적으로 칭찬하고, 그만길 바라는 행동은 무시하는 것이 중요합니다.

난이도 ★★☆☆☆ ···

1 차례를 지켜 말하게 해 보세요

말을 할 때, 신문지 같은 것으로 마이크를 만들어 마이크를 들고 있는 사람만 이야기하도록 (말하는 사람이 보이도록 시각화)해 보세요. 또는 타이머로 말하는 시간을 제한하는 방법도 있어요. 집에서는 타이머를 사용해 보는 것도 좋습니다. 이야기할 때도 규칙이 있고 예절이 있음을 알게 됩니다.

2 끝말잇기나 수수께끼 놀이를 해 보세요

말하는 것을 너무 좋아해서 문제가 생기는 아이에게는 말놀이를 꾸준히 해 주면 좋아요. 끝말잇기 놀이나 수수께끼 놀이 등 상대 이야기를 다 듣고 답하는 놀이를 해 보세요. 말을 순서대로 주고받는 과정 속에서 혼자 떠들 때보다 더 큰 재미를 발견할 거예요. 만약 상대 이야기를 다 듣지 않고 말한다면 안 들리는 척도 해 보세요.

6

말을 하지 않거나 말을 더듬어요

집에서는 일상적으로 말하는데, 집밖에서는 거의 말을 하지 않는 아이도 있습니다. 어린이집이나 유치원 입학을 한 뒤인 세네 살쯤에 이를 알아차리는 경우가 많습니다.

도움이 되는 육아 스킬

미리 알려 주기

110쪽

'해냈구나'라고 말해 주기

115쪽

상황1 집밖에서는 말을 하지 않아요.

○○야~

상황2 말을 끌고 더듬어요.

어~ 어~ 저기 있,
그, 그
그래서
......

두근
두근

말하지 않는 아이도, 말을 더듬는 아이도 집이 아닌 장소나 가족이 아닌 다른 사람과 신뢰 관계를 만드는 것이 우선입니다. 스스로 말을 더듬는다는 사실을 알게 되면 고치기가 더 힘들어지니 "말 더듬지 마"와 같은 말을 하지 않도록 주의하세요. 집단생활에서는 말을 더듬는 것에 대해 다른 아이가 질문을 해 오는 일도 있기에, 말하기 쉬운 환경을 만들어 주는 것이 우선입니다.

난이도 ★★☆☆☆ ···

1 가족이 아닌 다른 사람과 시간을 보내게 해 주세요

아이가 자신을 드러내려면 안심할 수 있는 사람과 장소, 일 세가지가 갖추어져 있어야 해요. 때문에 우선 말하는 것에 연연하지 말고 선생님과 즐거운 시간을 보내면서 신뢰 관계를 만드는 것이 좋습니다. 유치원 친구를 집에 초대해 좋아하는 놀이를 해보는 것도 추천해요.

2 이야기해도 괜찮은 환경 만들어 주세요

세 살 무렵부터 반복하기(보보보보)나 멈춤(……), 끌기(어-어-어-) 같은 말더듬이가 나타나는 경우가 있어요. 말더듬증이라고 해서 2~4세 아이의 5% 정도에서 보이는데, 그 가운데 약 네 명 중 세 명은 초등학교 입학 무렵에 자연적으로 회복됩니다. 만일 그때까지 회복되지 않으면 학교에 있는 언어 교실이나 언어 치료 전문 병원을 찾아가 볼 것을 권합니다. 아이의 말더듬이를 궁금해하거나 흉내 내는 친구가 있다면, 주의를 주기보다 '일부러 그러는 게 아니야', '이야기를 잘 들어 주자'라고 말해 주세요.

잘 들어 줘서
고마워

헤

헤

7

기분을
다스리지
못해요

문제가 생기거나 자기가 그린 계획대로 되지 않으면, 좀처럼 나쁜 기분에서 빠져나오지 못합니다.

도움이 되는 육아 스킬

장소를 목적별로 구역화하기

111쪽

'뭐 괜찮아'라는 생각 연습시키기

114쪽

상황 1 원망형: 상대를 전혀 이해하려 하지 않아요.

상황 2 자기발화형: 마음에 들지 않으면 화를 내요.

스위치를 누르듯 기분을 바꿀 수 있다면 얼마나 좋을까요? 어른도 나쁜 기분에서 빠져나오는 것이 쉽지 않은데, 아이는 더 그렇겠지요. 기분을 전환하는 계기를 만들어 주세요. 무언가를 하기 전에 '잘되지 않을 수도 있다'고 말해 두고 '그럴 때에는 이렇게 하자'라는 작전을 세워 놓으면 어느 정도 해결됩니다.

난이도 ★★☆☆☆ ···

1 장소나 활동을 바꿔 주세요

화가 나고 속상하게 만들었던 장소에서 벗어나는 것이 좋아요. 다른 흥미로운 활동이나 놀잇감을 제시해 주세요.

2 혼자만의 시간을 보내게 하세요

기분을 정리할 수 있게 혼자만의 시간을 주는 것도 좋아요. 아이가 좋아하는 일에 시간을 쓰다 보면 저도 모르는 사이에 기분이 나아질 거예요.

3 시간이 지나기를 기다리세요

부모님까지 아이의 감정에 동화되어 화를 내거나 짜증을 내는 일이 없도록 주의하세요. 그저 손을 씻거나 물을 마시거나 다른 일을 하면서 기다리세요. 그러다 보면 아이도 부모님도 곧 '괜찮아'라는 생각이 들게 될 거예요.

배고프네
······

꼬르륵

느긋한 태도를
취하는 것이
포인트야

8

처음 하는 것은 뭐든 싫어해요

어린이집이나 유치원에 입학한 후부터는 처음 하는 경험이 많습니다. 아이에 따라서는 처음으로 하는 일을 몹시 두려워해서 시도 자체를 하지 않으려 하고 변화에 따라가지 못하기도 합니다.

도움이 되는 육아 스킬

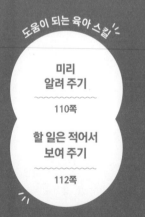

미리
알려 주기

110쪽

할 일은 적어서
보여 주기

112쪽

상황 1 해 보지도 않고 무조건 싫대요.

상황 2 조금만 변해도 쭈뼛거려요.

상황 3 뭘 하든 자신감이 없어요.

'처음'이나 '변화'는 어른이라도 가슴이 두근거리지요. 경험이 적은 아이들은 무슨 일이 일어날지 더 불안할 것입니다. 앞으로 생길 수도 있는 일을 미리 알려 주면 '알고 있다'는 생각에 안심합니다.

난이도 ★☆☆☆☆ ....

자, 이번에 가는 곳이야 커다란 공룡 미끄럼틀이 있어~!

진짜다!

1 '알고 있다'가 '할 수 있다'로

발표회나 운동회는 미리 연습해 보거나 과거 영상을 보여 주세요. 아이가 내용이나 흐름을 미리 파악해서 '알고 있다'라는 생각이 들면 스스로 '괜찮아'라는 안도감이 생기거든요. 집밖에서 자야 한다면 숙소 홈페이지나 거리 뷰 등을 활용해 미리 분위기를 익히도록 해 주세요.

2 변화는 작게, 안도감은 크게

아이는 반이 바뀌거나 담임 선생님이 바뀔 때 불안한 마음을 가지고 있어요. 운동회나 발표회에 부모님이 보러 왔을 때도 긴장하죠. 장소나 분위기가 바뀌면 잘하던 일도 못하는 아이가 있거든요. 가능한 범위에서 변화를 줄여 보세요. 선생님과 미리 만나 보거나 과거 운동회와 발표회 영상을 보면서 일이 어떻게 진행될지 미리 그려 보도록 하세요.

새로운 선생님이셔~

잘 부탁해~

네 ♥

공 넣기 연습이야

응! 좋아!!!

3 '서툴다'를 '괜찮다'로 바꿔 주세요

'난 줄넘기를 못해', '악기를 다룰 줄 몰라', '만들기를 못해'라고 자신 없어 하며 시도조차 못하는 아이도 있습니다. 활동 내용을 미리 알 수 있다면 아이와 함께 연습해 보세요. 아이가 해 보지 않아서 주저하던 것들을 '괜찮은데?'라고 생각할 수 있도록 미리 충분히 연습해 보는 것이 중요해요.

9

지면 울거나 화를 내요

1등을 하고 승부가 있는 놀이에서 이기면 누구라도 날아갈듯이 기쁘죠. 하지만 졌을 때도 결과를 받아들일 줄 알아야 합니다.

상황 1 술래가 되면 놀이를 그만둬 버려요.

상황 2 무조건 1등이 아니면 안 돼요.

도움이 되는 육아 스킬

'뭐 괜찮아'라는
생각 연습시키기

114쪽

짧고 긍정적으로
말하기

117쪽

가위바위보나 간단한 카드 게임 등을 통해 평소에 지는 경험을 쌓도록 합니다. 그러는 동안 화를 내지 않고 '뭐 괜찮아'라고 생각할 수 있게 됩니다. 질 수도 있다는 사실을 알게 하는 것도 한 가지 방법입니다.

이렇게
도와주세요

난이도 ★☆☆☆☆ ··

1 '져도 괜찮아'라고 생각하게 해 주세요

1등이 되고 싶거나 이기고 싶은 마음을 가지는 것 자체는 좋은 일이지만, 특히 졌을 때 행동하는 법이 중요합니다. 가위바위보에서 지거나, 술래잡기에서 술래가 되었다면 '다음에는 술래 안 해야지', '다음번에는 지지 않을 거야'라고 생각하도록 도와주세요. '멋지고 사랑스러운' 패자가 될 수 있도록 이기려고만 하는 마음을 스스로 다독이게 해 주세요.

2 질 수 있다는 사실을 알려 주세요

승부를 겨루는 놀이에서 누군가 이기면 누군가는 반드시 진다는 것을 아이들은 처음부터 생각하지 못할 때도 있어요. 승부를 내기 전에 '질 수도 있어', '하지만 다음에 이기면 되지'라고 긍정적이고 구체적으로 말해 주는 것이 좋아요.

10

밥을 늦게 먹고 만들기는 완성하지 못해요

급식을 제 시간에 다 먹지 못하고 만들기를 항상 완성하지 못합니다. 주변과 보조를 맞춰야 하는 집단생활에서는 문제가 되기도 합니다.

도움이 되는 육아 스킬

'해냈구나'라고 말해 주기

115쪽

좋아하는 것을 살려 주기

120쪽

상황 1 가위질과 숟가락질이 서툴러요.

상황 2 선생님의 지시를 이해하지 못해요.

안절부절

상황 3 주변의 것들에 정신을 뺏겨 곧잘 산만해져요.

무슨 일이든 좋아하면 자연스럽게 잘하게 됩니다. 아이가 소근육 사용에 서툴다면 즐겁게 손끝을 사용하는 활동을 찾아서 연습해 보세요. 완벽하게 하는 것보다 '즐겁게 했다', '해냈다' 하는 마음이 들도록 하는 것이 중요합니다.

난이도 ★☆☆☆☆ ·······································

1 흥미가 있는 것으로 연습해 보세요

아이가 자동차를 좋아하나요? 신문이나 잡지에서 자동차 사진을 가위로 자르고 공책에 붙여 나만의 자동차 도감을 만들게 하세요. 요리를 좋아하나요? 빵 만들기나 채소 다듬기 같은 집안일을 돕게 해 보세요.

천천히 하렴!

그래, 그렇게 자르게!

2 시범을 보이세요

아이가 할 일을 제대로 이해하지 못할 때는 알기 쉽게 시각화해서 보여 주세요. 그후 먼저 본보기를 보여 주어 따라 하게 해 주세요. 그다음 혼자 할 수 있는 것을 해 보게 하면서 아이 '스스로' 할 수 있는 영역을 늘려 주고 부모님은 서서히 빠져나오세요.

3 자리 배치를 바꿔 보세요

산만한 아이는 착실한 아이의 옆에 앉히거나, 선생님 앞자리에 앉히면 좋아요. 가정에서는 TV나 장난감이 눈에 들어오지 않는 자리에서 밥을 먹게 해 주세요. 산만해지는 원인을 제거해 주는 것이 중요합니다.

그래 그래 잘한다!

선생님, 궁금해요!

발달 정도가 또래보다 70%를 밑돈다면

Q 저희 아들이 유치원에서 생활하는 모습을 보면 여러모로 느린 편인 것 같아요. 주변에서 조심스럽게 발달 검사를 받아 보라는 말도 하는 데요. 발달 검사는 언제 받아 보는 것이 좋나요?

A 어떤 아이라도 선천적인 개성이 있으며, 발달하는 방법도 속도도 다릅니다. 발달이 늦다는 말을 듣거나 발달에 치우침이 있을지도 모른다고 느꼈을 때 부모라면 걱정이 되는 것이 당연합니다.

'발달 지연'은 평균적인 아이들의 발달 데이터와 비교해서 발달 속도 가 대략 70%를 밑도는 경우를 일컫습니다. 예를 들어 평균적으로는 한 살 전후에 '아빠, 엄마' 등의 간단한 말을 하기 시작하고 손가락으로 사물 을 가리키고 걷기 시작합니다. 하지만 한 살 하고 6개월이 지났는데도 어 떤 단어도 말하지 않거나 손가락으로 가리키지 않거나 걷지 않는 경우에 '발달 지연'이 있다고 판단합니다. 즉, 평균적인 모집단과 비교하여 전체 적인 발달을 판단하는 것이지요.

한편 발달에 '치우침'이 있다는 것은 전체적인 발달의 정도가 아니라, 어떤 항목에 있어서 발달이 늦은 경우를 말합니다. 예를 들어 한 살 하고 6개월인데 어떤 항목(달린다, 두 문장으로 말한다)은 두 살 정도의 발달 단계이 고, 다른 항목(손가락으로 가리키지 않는다, 흉내 내지 않는다)은 한 살 전의 발달 단계라면 발달에 '치우침'이 있다고 하는 것이지요. 발달 지연과 치우침 의 차이를 이해하면 적절한 시기에 도움을 줄 수 있을 것입니다.

part 2

아이가
초등학교에
갔 을 때
상황별 조언

초등학교에 들어가면 학급 단위로 움직이
는 일이 더 많아집니다. 선생님의 지시를 듣
고 행동해야 하는 일이 많아지고 아이들끼
리의 커뮤니케이션 능력도 중요해집니다.
본격적으로 공부를 시작하게 되어 친구와
의 차이를 의식하는 경우도 나타납니다.

11

등교 준비가 오래 걸려요

아침이라는 한정된 시간 속에서 정해진 루틴을 처리해야만 하기 때문에 부모님과 아이들이 부딪히는 일이 많습니다. 늦을까 봐 엄마의 마음은 급한데 아이는 여유로워 보인다면 화가 나기도 합니다.

도움이 되는 육아 스킬

할 일은 적어서
보여 주기

112쪽

산만해지는 물건은
숨기기

113쪽

상황1 멍하니 있는 시간이 많아요.

상황2 아침밥을 하루 종일 먹어요.

상황3 말하기 전까지는 할 줄을 몰라요.

가장 먼저 시간이 걸리는 이유를 생각해 보세요. '그 정도는 알아서 해야지' 하는 생각을 버려야 해요. 자전거를 처음 탈 때처럼 맨 처음에는 곁에 붙어서 같이 달리고, 서서히 손을 놓아 스스로 탈 수 있게(준비할 수 있게) 해야 합니다. 해야 할 일은 보여 주고 필요 없는 것은 숨기세요.

난이도 ★☆☆☆☆

아, 이 음악 좋아

1 충분히 잠을 자게 하세요

충분한 수면 시간을 확보하고 규칙적으로 잠자리에 들게 하세요. 아침에 일어나면 커튼을 열거나 조명을 켜서 방을 밝게 하고 아이가 좋아하는 신나는 음악을 틀어 보세요.

우물우물

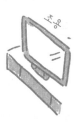

조옹

2 준비할 수 있는 환경을 만들어 주세요

잠에서 깨도록 하기 위해 TV를 틀어 놓은 경우가 많아요. 장난감이나 TV 등은 주의력을 흐트러뜨리는 원인입니다. 환경 조성이 됐다면 처음에는 부모가 함께하면서 루틴을 몸으로 익히게 하세요.

옷 갈아입기 잘하네!!

옷 갈아입기,
옷 갈아입기

다음은
바지야

3 해야 할 일을 순서표로 만드세요

할 일 리스트나 순서표 등을 준비하세요. 준비물은 숫자로 기억(①책가방 ②물통 ③도시락 등)하면 확인하기 쉬워요. 부모님은 옆에서 아이가 스스로 해낼 수 있도록 지켜봐 주세요.

12

학교 가기를
싫어해요

학교는 배움의 장이지만, 선생님과 친구 등의 인간관계를 배울 수 있는 곳이기도 합니다. 친구 관계, 학습, 운동 등 아이가 어려워하는 부분이 무엇인지 확인해야 합니다.

도움이 되는 육아 스킬

좋아하는 것을
살려 주기

120쪽

상황1 집에서는 마음이 편지만, 학교에서 마음이 불편하대요.

상황2 학교에 가는 아이의 모습이 평소와 달라요.

집과 학교에서의 기분을 저울질했을 때, 학교도 충분히 즐겁다고 생각되어야 해요. 기분 저울이 '집'으로 기울어져 있으면 상황은 개선되지 않습니다. 우선 아이의 말을 잘 들어 주면서 속마음을 표현할 수 있도록 도와주세요.

난이도 ★☆☆☆☆ ···

1 학교도 즐거워야 해요

학교는 아이가 집 못지않게 시간을 많이 보내는 장소인 만큼 있을 때 즐거운 마음이 들어야 해요. 기분 저울이 '집'으로 기울어져 있으면 학교에 가고 싶지 않은 원인을 알아보고 저울이 '학교'로 기울 수 있을 만한 일을 찾아보세요. 학교에서 아이가 좋아하는 일을 찾도록 선생님에게 도움을 요청해 보세요. 아이가 좋아하는 일에서 두각을 나타내면 그게 학교를 좋아하게 되는 계기가 되기도 하거든요.

2 선생님이나 상담센터의 도움을 받으세요

등교하는 아이의 표정과 말투를 주의 깊게 살펴보세요. 어쩐지 기운이 없어 보이나요? 식욕도 없고 무기력해하나요? 불안해서 잠을 못 자거나 우울해한다면 집에서 해결하려 하지 말고 학교 선생님과 상담을 하거나 병원에 가 봐야 합니다. 상황에 따라서는 다른 선택지(전학이나 대안학교 입학, 약 먹기, 입원 치료 등)도 고려해야 합니다.

13

등하교할 때 문 제 가 있 어 요

등하교 시간은 부모님이나 선생님 등 어른의 눈이 속속들이 미치기 어려운 시간대입니다. 안전 사고 등의 위험도 존재하므로 주의가 필요합니다.

도움이 되는 육아 스킬

미리
알려 주기

110쪽

할 일은 적어서
보여 주기

112쪽

상황 1 같이 가는 친구와 싸워요.

상황 2 친구와 같이 가기로 약속한 시간에 자꾸만 늦어요.

기······
기다려~

상황 3 하교할 때 대열을 이탈해요.

휙

상황 4 등하교할 때의 규칙을 이해하지 못해요.

Why?

문제가 일어나는 원인은 아이에 따라 다양합니다. 등교 친구 문제가 있나요? 위험하지 않게 걷는 것을 이해하지 못하나요? 등하교의 규칙을 정해 알기 쉽게 보여 주는 것도 효과적입니다.

난이도 ★★☆☆☆ ....

1 집 근처에 사는 친구와 가깝게 지내게 해 주세요

학교에 같이 가는 친구들과 시간이나 경로가 맞지 않으면 문제를 일으키기 쉬워요. 누군가를 배려하는 일이 아이들에게는 쉬운 일이 아니기 때문이죠.

떨어져 있다!!

야~

2 중간까지 데려다준 다음 친구와 함께 가게 하세요

등교 준비에 시간이 너무 오래 걸리는 것이 아니라면 또래보다 걸음이 늦는다든지 운동 능력이 부족한 경우일 수 있어요. 이럴 땐 부모님이 중간까지 데려다준 후 친구와 만나 함께 가도록 해 주세요.

3 걷는 것에 집중하게 하세요

친구와 나란히 손을 잡고 걷게 하는 것이 제일 좋아요. 또한 건널목을 건널 때는 ①일단 멈춘다, ②좌우를 확인한다, ③차가 오지 않으면 건넌다 등 순서를 정해 몸에 익숙해지도록 도와주세요.

OK!

4 규칙을 한눈에!

건널목을 건널 때 왜 멈춰야 하는지, 친구와 약속한 시간에는 왜 늦으면 안 되는지 등 처음부터 규칙을 이해하지 못하는 아이도 있어요. 규칙을 적어서 보여 주고 반복해서 설명해 주세요.

14

수 업 에 집 중 하 지 못 해 요

수업 중 아이의 상태를 개선하기 위해서는 선생님과의 연대가 반드시 필요한 경우도 있습니다. 선생님과 상의하여 가정에서 도와줄 일, 학교에서 도와줄 일을 각각 찾아보세요.

도움이 되는 육아 스킬

미리 알려 주기

110쪽

역할을 부여하기

122쪽

상황 1 수업을 이해하지 못해요.

상황 2 수업 내용에 흥미가 없어요.

상황 3 책상을 두드리거나 연필을 만지며 딴청을 피워요.

상황 4 갑자기 태도가 나빠졌어요.

수업 중에 가만히 앉아 있지 못하는 원인은 다양합니다. 아이에 따라 가정에서 예습이 필요한 경우도 있고, 환경만 바꿔 주면 금방 좋아지는 경우도 있습니다. 원인을 특정하여 그에 알맞은 대처를 해야 합니다.

난이도 ★★☆☆☆ ···

1 가정에서 예습해 주세요

학교 수업이 아이의 능력과 현재 수준에 맞는 진도인지를 점검해 보세요. 필요하다면 집에서 미리 학습해서 자존감이 떨어지지 않도록 해야 합니다.

2 앞자리에 앉게 해 주세요

선생님에게 상의해서 자리를 앞으로 옮겨 주세요. 선생님이 자연스럽게 말을 걸며 주의를 환기시키고 수업에 참여하도록 유도할 수 있습니다.

3 모둠 활동이나 발표 수업이 좋아요

모둠 활동을 하거나 앞으로 나와 발표하는 등 수업에 움직임이 포함되어 있으면 산만한 아이도 집중을 할 수 있습니다. 선생님과 상의해 보세요. 또 수업 중 활동이 빨리 끝났다면, 기다리는 동안 해도 좋은 일(책을 읽는다, 공책에 그림을 그린다, 숙제를 한다 등)을 알려 줘도 좋아요.

4 넓은 시야에서 검토해 보세요

아이들은 환경 변화에 민감합니다. 지금까지 제자리에 앉아서 수업에 잘 참여하던 아이가 갑자기 가만히 앉아 있지 못한다면, 가정 문제나 친구 관계 등 아이에게 다른 걱정거리가 있는지 넓은 시야에서 검토해 볼 필요가 있어요.

15

수업 중에
혼잣말을
해   요

혼잣말을 하는 아이에게는 주의를 주는 것은 좋지 않아요. 오히려 조용히 듣고 있는 때를 칭찬함으로써 지금 해야 할 행동을 명확히 알게 하는 것이 좋습니다.

도움이 되는 육아 스킬

**60초 이내에
칭찬하기**

116쪽

**적절한
보상해 주기**

123쪽

상황 1 수업과 관련된 혼잣말을 해요.

상황 2 수업과 관계없는 혼잣말을 해요.

혼잣말을 해서 수업을 방해했다면 스스로 깨달을 수 있도록 빨리 알려 주고, 조금이라도 좋은 행동을 했다면 60초 이내에 칭찬합니다. 주의를 주는 것이 아니라 '지금 이 자리'로 되돌아올 수 있도록 말을 걸어 주는 것이 핵심입니다.

난이도 ★★☆☆☆ ·····································

1 혼잣말을 의식하게 해 주세요

혼잣말을 했을 때 선생님이 아이의 어깨를 살짝 만질 것이라고 먼저 약속해 보세요. 선생님의 사소한 동작으로 혼잣말을 했다는 사실을 의식하도록 하세요.

재미있는
노트구나

2 대체 행동이나 대립 행동을 찾아 주세요

혼잣말을 대신할 수 있는 다른 습관을 들이도록 하세요. 예를 들어 혼잣말이 하고 싶을 때 생각하고 있는 것을 노트에 메모하도록 하세요. 또는 혼잣말과 함께하기 어려운 행동을 하게 하는 것도 좋아요. 예를 들어 혼잣말이 하고 싶을 때 책을 읽도록 하는 식이지요.

3 주의 집중하도록 하세요

주의력이 흐트러지면 자기만의 세계에서 혼잣말을 해요. 아이에게 말을 걸거나 적절한 역할을 주어서 주의 집중하도록 하세요. 또 수업 중에 잡담하지 않기를 목표로 정하고, 목표를 이루었으면 알림장에 동그라미를 그리게 하세요.

앗

16

자세가 쉽게 무너져요

그저 앉아 있기만 하는 것도 몸을 비비 꼬며 힘들어합니다. 주변 환경을 정돈해 주고 코어 근육을 강화시키는 운동을 꾸준히 해 주면 도움이 됩니다.

상황1 책상에 몸을 늘어뜨리거나 발을 계속 흔들어요.

상황2 손으로 턱을 괴고 허리는 구부정해요.

자세가 잘 무너지는 이유는 가만히 있는 시간을 견디기 어려워하거나 몸놀림이 서투르기 때문입니다. 시간을 정해 주고 그 시간까지는 노력을 하도록 격려해 보세요. 몸에 맞는 책상과 의자를 마련해 주거나 코어 강화 운동을 해 주는 것도 필요합니다.

난이도 ★☆☆☆☆ ··

앞으로 5분 뒤 휴식이야

1 앉아 있어야 할 시간을 미리 알려 주세요

언제까지 앉아 있어야 할지 가늠할 수 없을 때 집중력이 더 떨어집니다. 처음에는 짧은 시간을 앉아 있게 하여 점차 시간을 늘려 보세요. 수업 시간에 프린트물을 나눠 주는 일 등 움직여도 좋은 역할을 부여해 줘도 좋습니다.

저런……
제대로 하고
있는 걸까……

으~응
음
음

2 집중하다 보면 자세가 다소 흐트러질 수 있어요

숙제를 하다 보면 손이 조금씩 움직이는 게 당연합니다. 부모님도 여유를 가지고 아이를 지켜봐 주세요.

만화책은 이쪽에 놓아 두자……

3 환경을 정돈해 주세요

주의를 끌 것 같은 물건이 있다면 치워 주세요. 책상과 의자가 몸에 맞는지도 점검해 주세요. 의자의 높이와 앉는 부분의 위치를 조절(허벅지와 무릎, 발목이 90도로 되도록)하는 것도 바른 자세에 도움이 됩니다.

아주 잘하네

야!

4 코어 강화 운동을 해 주세요

배를 땅에 대고 기어가게 하거나 짐볼로 균형 잡기를 하면 몸통의 힘을 기를 수 있어요. 부모님과 함께할 수 있는 운동으로는 씨름, 줄다리기 등이 있어요.

17

숙제를 하기 싫어해요

게임은 몇 시간이라도 집중해서 하면서, 숙제는 집중은커녕 시작도 안 하려는 경우가 있습니다. 부모와 아이의 감정 소모가 가장 심한 문제이지요.

상황 1 숙제에 전혀 흥미가 없어요.

새하얀
노트……

상황 2 자꾸 딴짓을 해서
시간이 너무 오래 걸려요.

두리번 두리번

상황 3 숙제를 시키면 하품을 해요.

ㅋㅋㅋ

푸~

5분 동안 숙제를 하고 1분 동안 화장실을 가거나 물을 마시는 등 아이의 집중력이 없어지기 전에 휴식과 기분 전환을 끼워 넣는 방법을 써 보세요. 과제를 시작하기 전에 환경을 정돈하는 것도 생각보다 중요합니다.

난이도 ★☆☆☆☆ ....

1 적절한 보상을 해 주세요

'숙제를 끝내면 게임을 30분 동안 할 수 있다', '포인트가 모이면 주말에 포인트로 과자를 살 수 있다'와 같은 적절한 보상을 해 주세요. 원하는 것을 가질 수 있는 것만큼 확실한 동기 부여는 없어요. 숙제와 관련이 있는 영상이나 학습 만화 등을 통해 흥미를 느낄 계기를 만들어 보는 것도 좋아요.

2 환경을 정돈해 주세요

산만해지지 않게 공부방의 환경을 조성해 주세요. '숙제를 1시간 내에 끝내면 게임을 30분 동안 할 수 있다'와 같이 보상을 변형해 보세요.

3 생활 리듬을 지키도록 하세요

잠은 충분히 자게 하세요. 일찍 자고 일찍 일어나는 습관을 만들어 주세요. 숙제를 하는 시간을 컨디션이 좋은 시간으로 바꿔 보세요.

18

읽고 쓰기가 어설퍼요

조사를 빠뜨리고 읽거나 줄을 건너뛰어 읽기도 합니다. 받아쓰기를 할 때 시간이 지나치게 걸리기도 하며, 틀린 글자도 많습니다.

도움이 되는 육아 스킬

미리
알려 주기

110쪽

'해냈구나'라고
말해 주기

115쪽

상황 1 · 문제를 읽어도 이해하지 못해요.

상황 2 · 다른 것에 신경 쓰다 아는 문제도 틀려요.

앗 새다!

상황 3 · 줄을 건너뛰어 읽거나 조사를 빠뜨리고 읽어요.

어 그러니까……
가……
같다고……

이렇게 도와주세요

처음에는 부모님이 숙제를 함께 해 주세요. 가정에서의 도움만으로 어려운 경우, 빨리 학교 선생님과 상담해서 아이가 학습에 자신감과 흥미를 가질 수 있도록 합니다. 세 문제를 같이 풀었으면 한 문제를 혼자 풀어 보게 하는 등으로 점차 혼자 해결해 나가며 자신감을 키우도록 해 주세요.

난이도 ★☆☆☆☆ ‥‥‥‥‥‥‥‥‥‥‥‥‥‥‥‥‥‥‥‥‥‥‥‥‥‥‥

1 무엇을 어려워하는지 찾으세요

묵독은 할 수 있지만 음독은 잘 못하는지, 문제가 길어지면 이해하지 못하는지, 어휘력이 부족한지 등 아이가 어느 부분을 어려워하는지 찾아보세요.

2 해냈으면 칭찬해 주세요

당연히 풀 수 있는 문제라도 '아이에게는 어려운 문제'라고 생각해야 합니다. 문제를 풀 때마다 칭찬해 주면서 알아가는 기쁨을 느끼게 해 주세요. '해냈다'라는 뿌듯한 기분이 들게 하는 것이 중요해요. 즐거운 기분이 쌓이다 보면 문제에 집중하고 싶어져요.

3 부모님이 읽어 주세요

읽기가 서툴다면 글을 대신 읽어 주세요. 교과서의 경우 오디오북을 지원하는 디지털 교과서를 사용해도 좋고 첫 단원만 읽어 줘도 좋아요. 읽고 있는 아랫줄을 책받침 등으로 가리면 집중이 잘되어 이해하기 쉬워요. 쓰는 것이 어설프다면 억지로 시키려고 하지 말고 쓰기를 최소화해 주세요. 써야 할 것들을 프린트로 출력해 준비하거나, 나만의 줄임말을 사용하는 것도 허용해 주세요. (수학→ㅅ, 국어→ㄱ 등)

19

공 부 를
따 라 가 지
못 해 요

수업 전반을 따라가지 못하는 경우와 특정 과목만 따라가지 못하는 경우가 있습니다. 이를테면 국어 시간은 좋아하는데 수학 시간이면 쩔쩔 매는 것이지요.

상황 1 흥미가 특정 과목에만 있어요.

국어 시간

집중!!

그렇군! 음음

그렇군!

응응

쓱쓱 쓱쓱

상황 2 집중하기 어려워 해요.

수학 시간

멍~

뭐가 뭔지 잘 모르겠어

도움이 되는 육아 스킬

할 일은 적어서
보여 주기

112쪽

'해냈구나'라고
말해 주기

115쪽

공부한 것을 내 것으로 만들기 위해서는 꾸준히 반복하여 복습해야 합니다. 하지만 무조건 하라고만 해서는 아이도 할 마음이 생기지 않습니다. 이해하기 쉽게 전달하는 것, 해냈다는 성취감을 가지게 하는 것, 항상 즐거운 기분이 들게 하는 것이 중요합니다.

난이도 ★★★☆☆ ···

1 부모님에게 가르쳐 주듯이 복습해 보세요

'곱셈을 겨우 떼고, 다음 단원(나눗셈)을 배웠더니 곱셈을 전부 잊어 버렸어요', '단순한 계산은 할 수 있지만, 문장형 응용문제는 어려워해요'라는 고민을 많이 듣습니다. 때론 이처럼 열심히 하고 있어도 수업을 따라가지 못하는 아이도 있어요. 그럴 때는 가정에서 지도하면서 꾸준히 반복하여 복습하는 것이 좋아요. 마치 선생님처럼 부모님에게 가르치듯 복습을 하면 아이의 흥미와 자신감을 모두 잡을 수 있어요. 아이가 공부를 싫어하지 않도록 하려면 스스로 하고자 하는 마음을 소중히 다루어 주어야 해요.

2 흥미를 조금씩 넓히며 예습해 보세요

'수학이나 계산은 자신 있지만 국어나 영어는 잘 못해', '사회 과목 중에서도 역사는 자신 있지만 현대 사회는 잘 못해'라고 말하는 경우처럼 흥미 있는 분야는 뛰어나지만, 그 밖의 것은 따라가지 못하는 아이도 있어요. 흥미와 관심을 조금씩 넓히는 것이 중요해요. 부모님과 함께 흥미로운 주제를 찾아 관련 책을 읽어 보는 등의 시도를 해 보세요.

20

모둠 활동에 어려움이 있어요

모둠 활동의 기본은 협동입니다. 자신의 생각만 맞다고 주장하는 행동뿐 아니라, 의견을 내지 않고 의욕이 없는 것도 활동에 방해가 됩니다.

도움이 되는 육아 스킬

매직 워드를 사용하기

119쪽

역할을 부여하기

122쪽

상황 1 의욕이 없어요.

상황 2 자기 의견을 무리하게 관철해요.

상황 3 지나치게 소심해요.

자신감이 없거나 의욕이 없는 아이에게는 모둠 활동에서 자신 있는 분야를 맡겨 주면 좋습니다. 완성은 못하지만 발상은 풍부하다, 말하는 것은 서툴러도 듣고 정리하는 것은 자신 있다, 문장으로 정리하거나 그림으로 그리는 것은 좋아한다 등 자신 있는 것은 무엇인지, 또 잘하지 못하는 것은 무엇인지 가려내 보도록 하세요.

난이도 ★☆☆☆☆ ···

1 아는 척으로 의욕을 높이세요

모둠 활동 중에 교과서에 낙서하거나 필기구로 장난치면서 수업에 참여하지 않는 경우가 있습니다. 이럴 땐 집에서 부모님과 예습을 해 보세요. 이 시기의 아이들은 아는 척하기를 좋아해요. 친구들에게 자신을 뽐내고 싶어 활동에 참여할지도 몰라요. 그래도 아이가 참여하지 않을 때는 선생님이 먼저 말을 걸어 보게 부탁하거나 다른 장치를 마련해 아이에게 역할을 주게 하세요.

2 '과연', '좋은데'라고 말해 주세요

자기 고집을 꺾지 않거나 자기 의견이 통하지 않으면 화를 내는 아이에게는 '의견이 통하지 않는 일도 있다', '의견이 받아들여지지 않아도 괜찮다' 등을 알려 주세요. 따라 할 수 있는 행동 모델을 보여 주면 좋아요. 상대편 이야기를 잘 수용하는 사람이 될 수 있도록 부모님이 '과연', '좋은데'와 같은 긍정적인 말을 의식해서 사용하면 아이도 그 말을 자연스럽게 따라 하게 될 거예요.

3 생각이나 의견을 메모해 두세요

남들 앞에서 자기 의견을 말하지 못하는 아이도 있어요. 모둠 활동을 할 때 자기 생각이나 의견을 메모한 다음에 그것을 친구에게 보여 주는 방법도 있다고 알려 주세요. 먼저 '네/아니오', '찬성/반대'로 답을 할 수 있는 질문에 답하는 연습을 가정에서 해 보세요. 손들기 방식으로 의견을 표현할 수 있게 하는 것도 좋아요.

21

그림 그리기가 서툴러요

그림의 전체 모양을 도화지에 다 담지 못하거나, 눈앞에 있는 것은 그릴 수 있는데 보이지 않는 것은 그리지 못하는 경우가 있습니다.

도움이 되는 육아 스킬

할 일은 적어서 보여 주기

112쪽

'해냈구나'라고 말해 주기

115쪽

상황 1 도화지에 사물의 일부만 그려요.

상황 2 보지 않고 그리는 것을 어려워해요.

아이가 나름대로 성취감을 맛보았다면 다음에 스스로 해 보려는 의욕이 생기며, 이는 성장으로 이어집니다. 아이가 만든 것이라면 어떤 작품이든 좋은 부분을 찾아서 칭찬해 주세요.

난이도 ★☆☆☆☆

1 연필로 전체 모양을 엷게 그려 주세요

도화지를 삐져나오는 그림도 개성적이니까 괜찮아요. 다만, 본인이 신경 쓰거나 반드시 전체를 그려야 할 때는 부모님이 도화지에 연필로 전체 모양을 엷게 표시해 두는 것이 좋습니다. 필요한 부분에 선을 그어 대강의 비율을 알 수 있도록 합니다. 또한 어른이 먼저 전체를 그리며 그리는 순서를 보여 주세요. 완성 그림이나 사진을 보여 주는 것도 좋아요.

이런 그림을 그려 보는 건 어때? 걷고 있는 것 같지?

2 이미지를 떠올려 보게 하세요

학교에서 그림 그리기나 만들기 시간이 있다는 것을 알았다면, 집에서 아이와 함께 미리 해 보세요. 또는 당일에 이미지를 떠올리기 쉽도록 사진을 가지고 가거나 선생님에게 보여 달라고 부탁해도 좋아요. 아이에게 '가장 기억에 남는 추억은 어떤 거야?', '누구와 놀았어?', '뭐가 있었어?', '무엇을 했어?' 등 이미지를 떠올리게 하는 구체적인 질문을 하는 것도 좋아요. 범위를 좁혀 가며 질문하고 답변을 나열해 보면서 이미지를 떠올리게 도와주세요.

맞아. 비행기를 만들자!

어떤 장소였어?

넓고요, 하늘이 이쁘고요, 또, 큰 ○○○도 있었구요, 그래서~

22

사소한 일도
크　　게
받아들여요

갑자기 계획이 변경되면 큰 소리
로 화를 내거나 웁니다. 기대했던
일이 일어나지 않으면 크게 실망
하고 남탓을 하기도 합니다. 사실
은 이 모든 것이 아이가 기분을 바
꾸기 위해 노력하고 있다는 증거
입니다.

도움이 되는 육아 스킬

미리
알려 주기

110쪽

'뭐 괜찮아'라는
생각 연습시키기

114쪽

상황 1 기대하고 있던 일이 연기됐을 때 크게 실망해요.

상황 2 계획이 바뀌면 허둥지둥해요.

상황 3 실수하면 어떻게 해야 할지 몰라
안절부절해요.

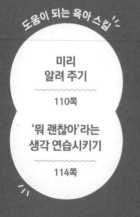

계획이 바뀔 수도 있는 일은 미리 그 사실을 알려 주어 마음의 준비를 할 수 있게 해 주세요. 평소에 '뭐 괜찮아'라고 생각하는 연습을 하거나 잘 헤쳐 나갈 수 있는 요령을 제시해 주면, 예상하지 못한 일이 생겨도 조금씩 기분 전환을 잘해 나갈 수 있습니다.

난이도 ★☆☆☆☆ ••

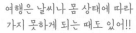

여행은 날씨나 몸 상태에 따라
가지 못하게 되는 때도 있어!!

1 마음의 준비를 하게 해 주세요

마음의 준비를 하면 패닉 상태는 반감이 되지요. 어떤 일이든 일어날 수 있다고 예상하고 대처 방법까지 생각해 두는 것이 필요할 때도 있어요.

앗……
그래요?

사전에

뭐……
괜찮아

어? 지고 말았어!!!

게임

뭐 괜찮아 연습

2 기분을 전환하는 스킬인 '뭐 괜찮아 트레이닝'을 해 보세요

평소 게임이나 놀이를 하면서 기분 전환을 해 보는 것이 중요해요. 예를 들어 집에서 카드 게임을 할 때 '졌지만 뭐 괜찮아', '지면 상대를 축하해 줘야지' 등 사전에 이렇게 하겠다는 것을 정해 놓고 연습해 보세요.

우선 물이라도 마시자!!!

3 기분을 초기화시켜 보세요

받아쓰기에서 뜻을 이해하지 못해도 썼으니 괜찮다고 생각한다, 숙제를 깜박했을 땐 '내일 제출하겠습니다'라고 선생님에게 말씀드린다 등과 같은 대처법을 가르쳐 주세요. 패닉 상태가 되었을 때 물을 마신다, 화장실에 간다 등 진정시킬 방법도 알려 주세요.

리셋하자

23
집단생활에 필요한 눈치가 없어요

암묵적인 규칙을 이해하지 못하고 있거나 생각한 것을 직설적으로 말하기도 합니다. 사람 사이의 분위기를 읽지 못해 타인과의 관계를 잘 맺지 못하게 되는 경우도 있습니다.

도움이 되는 육아 스킬

짧고 긍정적으로 말하기

117쪽

매직 워드를 사용하기

119쪽

상황1 생각한 것을 직설적으로 말해요.

오늘은 왠지 헤어 스타일이 이상해

헉

상황2 눈에 보이지 않는 합의를 이해하지 못해요.

딩~동 댕~동

앗, 음악 시간이다 슬슬 갈까

음악

다들 없어……

이야기를 잘 듣는 연습, 칭찬을 잘하는 연습을 해 보도록 합니다. 부정적 단어를 긍정적 단어로 바꾸어 표현해 보도록 하세요. '근사하다', '멋있다', '귀엽다', '내가 좋아하는 거야' 등의 말을 서서히 아이의 것으로 만들어 보도록 해요.

난이도 ★☆☆☆☆ ••••••••••••••••••••••••••••••••••••••

리본이랑 어울려서 귀여워!!

헤헤

1 마음속으로 중얼거리는 연습도 필요해요

세상살이를 잘하기 위한 요령을 익히는 것도 필요해요. 먼저 '좋다고 생각한 점은 말로 전달한다', '좋다고 생각한 점 이외의 부정적인 점은 마음속에서 중얼거린다'라는 것을 기억하게 하세요. 학교에서는 선생님, 가정에서는 부모님이 좋은 본보기를 보인다면 좋은 점을 찾아 말하는 습관이 뿌리를 내릴 수 있답니다.

2 모르는 경우에는 묻고 따라 하게 하세요

'10시에 엘리베이터 앞으로 모이세요'라는 선생님의 말씀을 듣고 딱 10시에 갔더니 '5분 전에 오도록 하세요'라며 선생님한테 혼나는 경우가 있습니다. '약속한 시간보다 5분 정도 먼저 도착한다'는 암묵적인 규칙을 체득하지 못했기 때문이지요. '5분 전까지 가기'를 머릿속에 입력해 두거나 친구에게 '9시 55분에 집합하면 되지?'라고 확인하도록 하세요. 일단 모를 때는 신뢰할 수 있는 친구에게 물어보거나 그 아이의 행동을 보고 같이 행동하는 것이 세상살이를 능숙하게 하는 요령이라고 알려 주세요.

그래! 함께 갈래?

음악

있잖아, 5분 전에 가면 되는 거야?

음악

24

농담이나 빈정거림을 알아차리지 못해요

어떤 말에는 숨은 뜻이 있다는 사실을 이해하지 못합니다. 장난으로 하는 말에 화를 내거나 놀리는 말에 아무런 반응을 하지 않기도 합니다.

 상황 1 농담을 곧이곧대로 받아들여요.

상황 2 놀리는 말을 알아차리지 못해요.

농담이나 빈정거리는 말을 들었을 때 반응하는 법을 부모님과 함께 연습해 보세요. 집에서는 '농담인데…'와 같은 수식어를 붙여서 말해, 맥락을 파악하기 쉽게 해 주세요.

난이도 ★☆☆☆☆ ··

1 감정을 조절하게 해 보세요

친구의 말을 곧이곧대로 받아들여 화를 내는 아이라면 감정을 다스리는 연습이 필요해요. 싫은 말을 들었을 때 마음을 다스리는 방법을 알려 주세요. 이를테면 '뭐 그러라 그래' 하고 받아넘길 수 있으면 괜찮아, 만약 도저히 참지 못하겠으면 그 자리를 벗어나서 선생님 옆으로

이동해 봐 등 사전에 행동하는 법을 알려 주는 것이지요. 집에서 카드 게임을 할 때 시작하기 전에 '어떤 상황이 되어도 뭐 괜찮아, 다음이 있어, 다음엔 할 수 있어' 하고 생각하게 연습시키거나, '웃는 얼굴을 한다'와 같은 목표를 정해 감정 다스리기 연습을 해 보는 것도 좋습니다.

엄마가 이겼어!!

다음 판이 있어, 괜찮아

다음엔 그날 돌려받을 수 있도록 친구한테 말하자

텅 빈

연필 세 자루 전부를 빌려줬어

2 대화의 에티켓을 훈련시키세요

본인은 깨닫지 못하지만, 주위에서 보고 '이건 농담으로 끝날 일이 아니야, 이건 괴롭힘이야'라고 생각되는 경우도 있어요. 주위의 어른이 안테나를 세워서 아이가 마음에 걸리는 말과 행동을 한다면 본인에게도 상대 아이에게도 말이 가지는 의미를 알려 주어 고치게 하세요. 대화의 에티켓을 배우기 위해 상대와의 대화를 되돌아보고 다음에 똑같은 상황이 된다면 어떻게 할 것인지를 구체적으로 정해 두세요.

25

발표를 할 때 지나치게 긴장해요

처음 맞이하는 상황이나 많은 사람들 앞에서 이야기할 때, 목소리가 떨리거나 목소리가 나오지 않습니다.

상황 1 발표를 할 때 목소리가 떨려요.

상황 2 칠판에 글을 쓸 때 손이 떨려요.

상황 3 특정 상황에서 심하게 긴장해서 굳어 버려요.

심하게 긴장하는 아이의 경우, 신뢰할 수 있는 친구나 선생님에게 긴장하고 있다는 사실을 알리면 진정이 될 때가 많습니다. 한편 평소에는 잘 떠드는데 특정 집단이나 상황에서 긴장해 말을 전혀 하지 못하는 아이도 있습니다. 이는 '선택적 함구증'이라는 증상으로 불안 장애의 일종입니다.

난이도 ★★★☆☆ ·····································

음, 천천히 해도
괜찮아!!

좀······
긴장되는······

살짝

긴장하고
있어······

괜찮아!

1 긴장하고 있다고 솔직하게 알리게 하세요

긴장을 부정하지 말고 직면하게 하세요. 신뢰할 수 있는 친구나 선생님에게 '긴장하고 있다', '걱정이 된다'라고 솔직히 말하게 하세요. 발표 전에 '지금 긴장하고 있지만요'라는 말을 해 버리면 진정되는 경우도 있어요. 혼자라서 긴장한다면 2인조나 3인조로 발표해도 괜찮은 상황을 만들도록 하세요. 말 대신 모두에게 자료를 보여 주는 방식으로 발표 장벽을 낮추는 방법도 생각해 보세요. 사전에 '발표를 잘하지 못해도 괜찮아', '친구와 함께 발표하니까 괜찮아'라고 긴장을 풀어 주는 말을 해 준다면 안심할 수 있을 거예요.

2 표현의 다양성을 인정해 주세요

특정 상황이나 집단에서 불안해한다면 '심호흡을 한다', '물을 마시러 간다', '어깨를 가볍게 두드린다' 등의 행동을 해서 기분을 진정시키게 하세요. 선택적 함구증인 경우는, 말하도록 강요하며 계속 기다리거나 꾸짖으면 안 됩니다. 말 대신에 고개를 끄덕이거나, 머리를 흔들거나, 눈 맞춤을 하거나, 손가락으로 가리키거나, 필담하거나, 작은 목소리로 귓속말을 하는 등 다양한 방법으로 의사 표현을 할 수 있도록 보장하는 것이 중요해요.

좋아!!

끄덕

와자지껄

26

정리정돈을
못 하 고
물건은 잘
잃어버려요

학교에서 받은 프린트물을 아무
렇게나 가방에 구겨서 넣습니다.
부주의하여 물건도 쉽게 잃어버
립니다.

상황 1 주의가 산만해 물건을 잘 간수하지 못해요.

상황 2 잃어버린지도 모르고 관심도 없어요.

물건을 잃어버리는 아이에게는 좋아하는 캐릭터가 그려진 학용품을 사 주는 것이 좋아요. 또 잃어버린 후에라도 돌아올 수 있도록 이름을 쓰도록 해요. 정리정돈을 할 때는 무엇을 어디에 보관할 것인지를 구역화하여 알기 쉽게 만듭니다.

난이도 ★★☆☆☆ ·····························

1 정해진 곳에 보관하게 하세요

학교에서 선생님한테 받은 프린트를 어디에 넣었는지 도무지 기억하지 못하기도 하고, 학교에서 돌아오는 길에 고양이를 쫓아가는 사이에 물통을 어딘가 놓고 오기도 합니다. 주의가 흐트러져 물건을 잃어버리는 아이에게는 정해진 장소에 물건을 보관하게 하세요. 프린트는 좋아하는 클리어 파일에 전부 넣는다, 물통은 가방 속에 두거나 끈을 달아 어깨에 걸친다 등 잃어버리기 어려운 환경을 만들어 주는 것도 중요합니다.

2 좋아하는 물건으로 준비해 주세요

좋아하는 클리어 파일에 프린트물을 넣게 하거나 물통도 자기가 고른, 마음에 드는 것을 쓰게 하면 물건을 소중히 다루려는 마음이 생겨납니다. 정리정돈도 아이 마음에 드는 도구함(크기가 꼭 들어는 상자나 좋아하는 모양과 캐릭터가 그려진 상자 등)에 해 보기를 추천해요.

27
운동을 지나치게 싫어해요

몸놀림이 서툴거나 운동 신경이 없어 처음 하는 운동은 시도조차 하지 않습니다. 여기에서는 축구에 서투른 경우를 예로 설명하겠습니다.

상황1 공을 다루는 것이 서툴려요.

상황2 감독이나 코치의 지시를 잘 이해하지 못해요.

상황3 포지셔닝(어디로 움직이면 좋은가)이 서툴러요.

도움이 되는 육아 스킬

짧고 긍정적으로
말하기

117쪽

좋아하는 것을
살려 주기

120쪽

역할을
부여하기

122쪽

잘하지 못한다는 생각을 가지면 아이의 '성장 마인드'가 자라지 않습니다. '운동이 즐겁다'고 생각할 수 있도록 각자에게 맞는 조언을 해 주세요.

난이도 ★★★☆☆ ‥‥‥‥‥‥‥‥‥‥‥‥‥‥‥‥‥‥‥‥‥‥‥‥‥‥‥

1 자신 있는 것은 키우고 잘하지 못하는 것은 끌어올리세요

아이가 축구를 너무 어려워한다면 포지션을 변경하거나 다른 스포츠(예를 들면 육상이나 수영, 체조 같은 개인 종목)를 선택하게 해도 됩니다. 전반적인 운동 실력이 부족하다면 네발로 뛰기나 기어서 앞으로 가기 등 코어 강화 트레이닝을 해 보세요. 자신의 몸을 의식하면서 하는 맨손 체조도 좋고 거울을 보면서 몸을 움직이는 트레이닝도 추천합니다.

2 지시 내리는 법을 바꿔 보세요

이쪽저쪽과 같은 두루뭉술한 말 대신 '골키퍼와 10번 선수 사이'와 같이 구체적인 말로 알기 쉽게 지시를 내려 보세요. 그리고 먼저 본보기를 보여 주세요.

3 공간 인지를 향상시켜 주세요

움직임의 패턴을 가르쳐 주세요. 관중석에 앉아서 다른 팀의 경기를 보거나 촬영한 동영상을 보면서 전체를 보고 공간을 상상하는 연습을 해 보세요.

28

쉬 는
시간이나
방과후에
늘 혼자예요

혼자라도 책을 읽는 등 침착한 아이도 있습니다. 이런 경우는 문제가 없습니다. 하지만 친구 무리에 들어가고 싶지만 들어가지 못하는 아이는 부모님이 나서서 도와주는 것이 필요합니다.

도움이 되는 육아 스킬

매직 워드를
사용하기

119쪽

좋아하는 것을
살려 주기

120쪽

상황1 혼자 있는 것을 좋아해요.

상황2 친구들과 어울리고 싶지만 방법을 몰라요.

'좋다', '대단하다' 등의 말을 사용하여 친구와 관계를 맺을 수 있도록 해 봅시다. 자신이 좋아하는 것을 이야기하면서 자연스럽게 대화해 보도록 하세요.

난이도 ★★☆☆☆ ••

1 혼자 있는 시간을 즐기는 것도 좋아요

책 읽기나 그림 그리기를 즐기며 혼자 있는 것을 좋아하는 아이는 자유 시간이나 쉬는 시간을 마음대로 보내도록 가만히 두는 것이 좋아요. 대신 수업처럼 다 함께 활동할 때 '좋네', '잘하네'와 같이 친구와 능숙하게 대화할 수 있는 말을 사용하면서 조금씩 친구들과 관계를 맺어 가도록 도와주세요.

뭐야? 물끄러미~

대모험 이야기인데 재미있어

2 좋아하는 것을 활용해 친구를 만들어 보세요

친구 무리에 들어가고 싶지만 잘 끼지 못하는 아이의 경우에는 친구 관계 스킬이 향상되도록 얼마 동안은 선생님이 중간 역할을 해 주는 것이 좋아요. 혹은 단짝 친구가 한 명이라도 있다면 그 아이를 통해 무리 안으로 들어가는 것이 좋아요. 저학년일 때는 부모님이 집에서 친구와 함께 노는 시간을 만들어 주세요. 좋아하는 것을(스포츠나 그림, 음악, 장기 등) 함께 배워 보면서 학교 이외의 친구를 만들고, 친구 관계 스킬을 향상시키는 것도 방법이에요.

장기 클럽 회원이니까 여러 가지 물어보면 좋을 거야!

나는 조금밖에 몰라

오

헤헤

29

같은 것을 몇 번이고 확인해요

불안이 지나치게 강해서 몇 번이
고 확인합니다. 반면, 고집을 무
너뜨리고 싶지 않아서 몇 번이나
확인하는 아이도 있습니다.

상황1 자꾸 물어보며 불안해해요.

상황2 실패하기 싫어서 강박적으로 확인해요.

도움이 되는 육아 스킬

'뭐 괜찮아'라는
생각 연습시키기

114쪽

짧고 긍정적으로
말하기

117쪽

이렇게
도와주세요

확인 행동은 불안감이 강한 아이에게 많이 나타납니다. 이른바 '어떻게든 된다'는 체험을 하게 하는 것이 효과적입니다. 부모님이 지나치게 도와주지 말고(한 번만 함께 확인하는 등) '괜찮아, 어떻게든 될 거야' 하고 반응해 보세요.

난이도 ★★★☆☆ ••

괜찮아! 썼으면!!

잘했어 나이스!!

엄마 엄마 이렇게 해도 괜찮아?

응? 아……

1 아이가 느끼는 불안에 지나치게 동요하지 마세요

한 번 정도는 같이 확인하는 것은 좋지만, 몇 번이고 확인하는 경우에는 '아까 확인했으니까 괜찮아', '잊어도 걱정하지 마, 뭐 괜찮아, 어떻게든 될 거야'라고 시원스럽게 대응하세요. 지나치게 아이의 감정에 공감해 주면 불안이 점점 깊어지게 됩니다.

2 실패해도 괜찮다는 경험을 하게 하세요

미리 학교 선생님에게 아이의 상황을 전해 실수해도 혼나지 않고 해결할 방법이 있다는 것을 깨닫게 해주세요. 또 아이의 모든 요구에 어른이 응해 줄 수 있는 것이 아니므로 사전에 생각하는 그대로 되지 않을 수도 있다는 것을 실제로 겪게 해서 아이가 '별일 아니었어'라고 느끼게 만드는 것이 중요해요.

선생님, 사실은 말이죠

노트 잊어… 버리고… 안 들고 왔어요 ……

어? 화내지 않으시네 ………

30

배우는 것
자체를
싫어해요

애당초 별로 하고 싶지 않은 것이
었다거나, 배우고 있는 사이에 잘
하지 못한다는 생각이 들면 배움
에 흥미를 잃기도 합니다. 같이
배우는 친구 사이에 문제가 발생
하는 경우도 있습니다.

상황1 어려워서 하기 싫대요.

상황2 재미가 없어 못하겠대요.

도움이 되는 육아 스킬

'해냈구나'라고
말해 주기

115쪽

적절한
보상해 주기

123쪽

초등학교 저학년 때까지의 배우기는 '즐겁게 한다'가 기본이 됩니다. 좋아하는 과제를 중심으로 하면서 칭찬받을 수 있는 환경을 조성해 주면 좋습니다. 이외에 적절한 보상을 해 주는 것도 추천합니다.

난이도 ★★★☆☆ ••

1 즐길 수 있도록 해 주세요

배우는 것 그 자체를 계속할 것인가 그만둘 것인가를 점검해 보세요. 아이에게 너무 어려운 과제는 아니었는지도 확인이 필요해요. 선생님과 상담할 수 있다면 잘하지 못하는 과제는 조금 미루고 자신 있는 과제를 중심으로 하게 하세요. 열심히 하면 상을 주는 것도 좋아요.

아주 잘했어!
마지막은 좋아하는
곡을 치자

짝짝짝짝

앗!
정말요!!

2 '해냈다'라는 느낌이 들게 해 주세요

칭찬을 많이 해서 해냈다는 느낌이 들게 하는 것이 중요해요. 배우는 장소나 시간을 바꾸어 보거나 목표를 구체적으로 정해 보는 것도 좋아요. 만약 '3월까지는 노력해 본다', '4급 시험에 합격한다' 등 구체적인 목표를 정해 놓고, 그 이후에 그만두게 하거나, 팀이나 종목을 바꾸도록 하세요. 이 경우에도 상을 주는 작전은 효과적이에요.

발달장애란 세상살이에 능숙하지 않은 것

Q 아이가 발달장애 진단을 받았습니다. 마음이 너무 힘듭니다. 이제 어떻게 해야 하나요?

A 발달장애란 특정 질환이나 장애를 뜻하는 것이 아니라, 제 나이에 맞게 발달하지 못한 상태를 모두 일컫습니다. 언어, 인지, 운동, 사회성 등이 또래의 성장 속도에 비해 크게 느려서 사회적인 관계, 의사소통 등 실생활에서 활용할 수 있는 자조 능력이 떨어지지요. 발달장애를 보이는 아이들은 보통 언어 사용이나 사회화에 어려움을 겪습니다. 또래와 잘 어울리지 못하고, 분위기를 파악하지 못하거나 특정 사물에 집착하고, 작은 변화에도 쉽게 대응하지 못하며 반복적인 행동을 보입니다. 하지만 다른 관점에서 봤을 때 보통의 사람들이 못 느끼는 걸 느끼고, 발상이 남다르며 좋아하는 일에 몰두하는 능력이 있습니다. 스티브 잡스가 어릴 때 보였던 과잉행동 증후군(ADHD)이나 아인슈타인, 존 케네디, 톰 크루즈 등이 겪은 난독증도 발달장애에 속하고 빌 게이츠, 일론 머스크 등이 앓고 있는 아스퍼거 증후군도 발달장애에 속합니다.

발달장애에서 중요한 것은 진단이 아니라 아이가 어떤 어려움을 겪고 있는지, 어째서 어려움을 겪고 있는지, 어려움을 겪지 않도록 어떻게 하면 좋을지 고민하는 것입니다. 발달장애를 예방할 수 있는 특별한 방법은 없습니다. 조기에 전문가와 상담하여 적절한 시기에 진단과 치료를 받는 것이 중요합니다.

part 3

엄마의
육아가
쉬워지는
상황별 조언

모든 것이 엉망인 것 같을 때면 우선 할 수 있을 것 같은 일에 몰두해 봅시다. 작아도 좋습니다. 한 개의 톱니바퀴를 움직이면 그것이 조금씩 연결되어 점점 큰 변화가 생겨납니다.

31

아이를 혼내도 그때뿐이에요

꾸짖는 쪽은 에너지를 쓰기 때문에 피곤합니다. 혼이 나고 있는 쪽은 또 똑같은 이야기라며 듣기 싫어하고 반항적으로 변합니다. 서로에게 좋을 일이 없습니다.

상황 1 아무리 화를 내도 듣지 않아요.

상황 2 빼질대며 피하고 말대답까지 해요.

정리할 때를 예로 들어 볼까요? 아이가 말을 걸어도 움직이지 않을 때, 몇 번이고 말을 걸고 소리칠 것이 아니라 옆에 가서 정리를 하도록 재촉하며 도와줍니다. 또한 아이가 움직이기 시작한다면 칭찬할 기회임을 명심하세요. 이것이 날마다 화내는 일에서 벗어나기 위한 첫걸음입니다.

난이도 ★★★☆☆ ···

화나지 않았어……

자, 도와줄 테니까 준비하자

네~

1 긍정적이고 구체적으로 전달하세요

'제대로 해'라고 혼내기보다 '7시에 저녁을 먹을 거니까 그때까지 받아쓰기를 끝내도록 해'처럼 구체적으로 해야 할 일을 전달하세요. 부정형으로 전하기보다 긍정형으로 간단하게 전달하세요. 그래도 제대로 하지 않으면 '바지를 벗어서 얌전히 놓아둬서 고마워'처럼 잘하고 있는 점을 구체적으로 인정해 주는 말을 건네 보세요. 처음 말을 걸었을 때 반응이 없다고 해서 그다음에 고함을 칠 것이 아니라, 옆에 가서 함께 정리를 시작하는 것 등 몸으로 보여 주세요.

2 냉정해지기 위해 거리를 두세요

아이가 '시끄러워', '알고 있어!'라고 말대꾸를 하면 꾸지람 모드에 박차가 가해져요. 그럴 때는 일단 서로 거리를 두세요. 냉정해지고 난 후 '지금은 받아쓰기를 함께할 수 있는데 같이 할래? 저녁밥 먹고 혼자서 할래?', '지금 전부 할래? 아니면 반만 하고 저녁 먹은 다음에 남은 부분을 할래?'처럼 선택지를 주세요. 선택지의 장벽을 낮추어서 아이에게 고르도록 하세요. 잘못된 행동을 반복하지 않게 하려면 '죄송해요'라는 말을 하게 하기보다 부모님과 아이가 함께 '되돌아보기'를 하는 것이 중요해요.

잠깐 쉬자……
오늘 저녁밥은 뭘로 할까……

후

32

무 심 코
짜증이 나요

바쁜 아침에 준비를 할 때, 시간
적 여유가 없을 때, 컨디션이 나
쁠 때 등은 서로 짜증이 나는 일이
많아집니다. 욱 하며 말을 내뱉게
되고 돌아서서 후회하게 되지요.

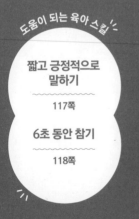

도움이 되는 육아 스킬

짧고 긍정적으로
말하기

117쪽

6초 동안 참기

118쪽

상황1 평소 하던 행동도 너무 보기 싫을 때가 있어요.

상황2 제가 큰 걸 바라는 게 아니에요.

내 자식이기 때문에 쉽게 엄격해지는 것은 아닐까요? 알아서 할 것이다, 이쯤은 할 수 있을 것이다 하는 과잉된 기대를 하지 말고 잠시 거리를 두며 아이의 행동을 재점검해 보도록 합시다. 보호자가 없는 곳에서는 노력을 하고 있을지도 모릅니다.

난이도 ★★★☆☆ ∙∙∙

1 마음을 가라앉히세요

마음에 여유가 없고 조급할수록 아이의 행동이 눈에 거슬리는 것은 당연한 일입니다. 아침 시간에 늦장을 부리는 아이를 보며 짜증을 내기보다 '서두르다 사고를 당하는 것보다 지각해도 무사히 학교에 가 주면 된다'라고 생각을 조금씩 바꿔 보세요. 마음의 여유가 없을 때는 일단 화장실에 가서 심호흡하거나 물을 마셔도 좋습니다. 눈을 감고 스스로 자기 어깨를 가볍게 두드리며 호흡과 마음을 가다듬어 보세요. 짜증이나 분노의 정점은 겨우 6초이므로 그것을 지나가게 하는 것이지요. 몸이 안 좋을 때는 쉬는 용기도 필요해요.

2 기준을 낮추어 인정하세요

내 아이에게는 화를 낼 일이라도 분명 친구의 아이에게는 조금 더 여유를 가지고 긍정적으로 말을 건네지요? 내 아이에게도 그렇게 해 보세요. 아무리 뛰어난 육상 선수라도 100m에서 늘 9초대를 기록할 수 있는 것은 아니에요. 다시 말해 주변 아이가 '한 번은 해냈던 것'을 내 아이의 기준으로 삼으면 안 된다는 뜻이에요. 열 번에 한 번만 해내도 잘한 것인 경우도 많아요. 아이의 컨디션이 나빠도 할 수 있는 최저 기준까지 요구 수준을 내려 보세요. 초조함은 줄고 칭찬하는 일은 늘어날 거예요.

33

할 수 있는 게
아 무 것 도
없 어 요

아이가 학교 생활을 어려워할 때 엄마 혼자서 해결하기에는 한계가 있을 때가 있어요. 학교 상담사 선생님이나 학년 주임, 교감 선생님에게 동석을 부탁해 담임 선생님에게 상담을 요청해 보세요.

도움이 되는 육아 스킬

짧고 긍정적으로
말하기

117쪽

 상황1 해결하기 힘든 친구 문제가 있어요.

상황2 해결하기 힘든 주의력 문제(ADHD)가 있어요.

덜그럭 덜그럭

상황3 해결하기 힘든 학습 격차 문제가 있어요.

아이의 문제를 혼자서 해결하려고 하지 말고 학교 안팎에서 도움을 받아 보세요. 아이 행동의 특징이나 대응 방법, 과거에 있었던 문제와 그때했던 효과적인 대응 방법을 선생님이 빨리 파악할 수 있도록 요점을 정리해서 상담해 보는 것은 어떨까요?

난이도 ★★★☆☆ ···

1 학교 안에서 내 편을 찾으세요

학교 안에서 신뢰할 수 있는 선생님을 찾는다면 좋은 방향으로 가는 계기가 됩니다. 담임 선생님 외에도 학년 주임 선생님이나 교감 선생님, 교장 선생님, 보건 선생님, 학교 상담사 선생님 등 누구든 한 사람이라도 신뢰할 수 있는 선생님을 찾으세요. 신뢰할 수 있는 선생님을 찾으면 고민하는 일, 걱정하는 일을 간단하게 전달하여 공유하는 것에서부터 시작해 보세요. 과거에 있었던 문제와 그때의 효과적인 대응을 A4 1장 정도로 정리하여 설명하면 좋아요.

그 문제를
말씀드릴까

신중히!

2 학교 밖에서도 내 편을 찾으세요

가족은 물론이고 학부모 모임이나 교육 위원회 등 학교 외의 선생님, 의료 기관이나 상담 기관 등에서 신뢰할 수 있는 사람을 찾으세요. 만약 신뢰할 수 있는 사람을 찾았다면, 고민하는 일이나 걱정거리를 알려서 함께 대책을 세워 보세요. 먼저 누군가에게 SOS를 보낼 용기가 필요합니다. 혼자 고민하지 말고 상담해 보거나 학교에 얼굴을 내밀 기회(예를 들어 도서 자원봉사)를 만드는 등 먼저 할 수 있는 것에서부터 움직여 보세요.

34

주변에 아는 사람이 없어요

학교 임원 등을 맡고 있으면 아는 사람이 늘어나기도 합니다. 하지만 아이를 위해서 무리하게 연결되려고 하지 않아도 괜찮습니다.

도움이 되는 육아 스킬

'뭐 괜찮아'라는 생각 연습시키기

114쪽

짧고 긍정적으로 말하기

117쪽

상황 1 아이 말고 어른과 대화하고 싶어요.

매일 두 명 뿐……
뭔가 시작해 볼까

후~

엄마
엄마

상황 2 좀처럼 아이 친구 엄마와 친해지기 어려워요.

엄마

아, 데리러
갈 시간

기저귀 갈아야
하나?

엄마 엄마
공원에 가요

육아를 하고 있을 때에는 아는 사람이 적으면 때로 불안해지기도 합니다. 무리하게 이웃들과 이어질 필요는 없지만, 관계를 넓히고 싶은 경우에는 지역 육아 커뮤니티에 참여하거나 주민센터 등에서 하는 이벤트나 배우기에 참가해 볼 수 있습니다.

난이도 ★★★☆☆ ....

1 이어질 수 있는 부분을 발견한다면 관계를 맺으세요

어린이회나 학교 임원, 스포츠 소년단 등을 통해 관계를 맺을 기회가 생긴다면, 자연스럽게 관계가 넓혀져요. 아이를 매개로 한 이런 기회가 없어도 부모의 취미 등으로부터 관계를 넓혀 가는 것도 가능해요. 아이가 어릴 때는 공동 육아에 참여해도 좋아요. 지역 육아 카페 등에서 육아 정보를 얻는 것도 추천해요.

깍깍 아하하 후후후

아 정말 들어 봐
○○ ○○○가
○○○해서 지쳤어~

2 무리하게 이어지지 않아도 괜찮아요

무리하게 관계를 맺는 것은 금물이에요. 관계를 잘 맺는 것을 의식하기보다 누군가 한 사람이라도 푸념이나 걱정을 진심으로 들어 줄 사람을 찾아 보세요. 정말로 힘들 때는 '힘들어'라고 말하는 용기도 필요해요.

35

아이가 괴롭힘을 당하는 것 같아요

우리 아이가 괴롭힘을 당하고 있는 것 같은 의심이 된다면, 꼬치꼬치 캐묻는 것은 금물입니다. 먼저 스스로 진심으로 아이의 편이 됐다고 느꼈을 때 대화를 시작해보세요.

도움이 되는 육아 스킬

6초 동안 참기
118쪽

상황1 아이의 표정이 어두워요.

요새 기운이 없네……?
친구랑 놀러 가지도
않고……

……

상황2 괴롭힘을 당하고 있다는 것을 알게 되었어요.

천천히
말해도 괜찮아

응 응

있잖아……

어떤 일이 있었는지 자세히 말해 주는 아이도 있고, 말해 주지 않는 아이도 있습니다. 어떤 경우라도 절대적으로 아이 편이라는 사실을 아이에게 전하세요. 그런 다음에 해결책을 함께 생각하고 상담할 곳을 찾아보도록 합시다.

난이도 ★★★☆☆ ···

1 학교에 상담을 요청하세요

만약 학교에 신뢰할 수 있는 선생님이 있다면 우선 침착하게 선생님과 상담하세요. 아이가 걱정되더라도 상대 아이의 부모에게 분노의 전화를 하는 것은 피하세요. 괴롭힘 문제를 담당하는 선생님이나 학교 상담사 선생님이 있는 경우에는 그 선생님에게 상담해도 좋아요. 하지만 때론 선생님이 좋은 의도로 상대 아이를 불러내어 괴롭힘에 대해 주의를 준 것이 상황을 더 나쁘게 만들기도 합니다. 그럴 때는 아래에 언급하는 학교 외의 상담처에 연락하는 것이 좋아요.

그렇군요
음음

어떻게
해 나가면
……

네 네

2 학교 밖에서도 상담을 하세요

학교 선생님이나 가족들과 상담하고 고민해도 일이 잘 진행되지 않기도 해요. 이때는 지역 교육지원청 등 학교 밖의 선생님, 의료 기관이나 상담 기관 등에서 신뢰할 수 있는 사람을 찾아서 상담하는 것이 좋아요. 담임 선생님만으로는 해결되지 않는 일도 학교 밖의 전문가 선생님이라면 객관적으로 조언해 주거든요.

36

주눅 들어있는 아이가 안쓰러워요

친구들과 어울리는 아이의 모습에 자신감이 없어 보일 때 부모님은 고민합니다. '그동안 내가 너무 많이 혼냈나…' 이젠 아이의 자기긍정감을 키워 주세요.

도움이 되는 육아 스킬

'해냈구나'라고 말해 주기

115쪽

'고마워'라고 자주 말하기

124쪽

상황 1 자기만 혼난다고 생각해요.

무슨 일이니!? 누나가 설명 좀 해 봐

어째서 늘 나만 잔소리를 들어야 하는 거야 ......

메롱~

상황 2 자기만 '하지 못한다'고 생각해요.

이거 뭐냐? 남들이랑 다르잖아 모양이 이상해~

열심히 만든건데......

아아

퍽

자기긍정감이란 자신은 가치가 있는 사람이고, 나는 필요한 사람이라고 생각할 수 있는 마음을 나타냅니다. 자기긍정감을 높이려면 남한테 인정받는 것, 칭찬받는 것도 중요하지만 자신이 마음속에 그린 목표에 도달하는 것, 성취감을 맛보는 것이 가장 중요합니다.

난이도 ★★☆☆☆ ··

1 아이를 인정해 주고 칭찬해 주세요

아이가 가족이나 선생님 등 가까운 사람들에게 '고마워', '잘했어'라는 말을 자주 듣게 해 주세요. 바쁜 아침 시간에 평소보다 빨리 욕실을 사용해서 다른 식구에게 양보하거나, 화장실 용무를 서둘러 마치고 나오는 당연하고 사소한 일에도 '고마워'라고 말해 주면 아이는 '다음에도 그렇게 해야지'라고 생각하게 됩니다. '고마워', '잘했어'라는 말을 많이 들은 아이는 자신이 필요한 존재이고 인정받고 있다고 느끼면서 자기긍정감이 높아져요.

2 스스로 성취감을 맛보게 하세요

스스로 '해냈다'고 생각하는 경험이 쌓이면 자기긍정감이 높아져요. 아침 준비를 할 때, '내가 스스로 도시락에 반찬을 담았다', '물통 뚜껑을 스스로 닫았다' 등 스스로 해낸 작은 경험들이 조금씩 쌓이면 성취감을 느낄 수 있지요. 물론 '25m 자유형을 할 수 있다', '영어 기능시험 3급에 합격한다' 같은 중기 목표를 세우고 성공해도 큰 성취감으로 이어질 거예요. 실현할 수 있는 작은 목표를 먼저 세우고 한 걸음 한 걸음 목표에 다가가 보게 하세요.

오늘부터 할 수 있다 아이의 장점 찾기

우리 아이는 왜 이럴까? ▶ ▶ ▶ ▶ **실은, 이런 장점이 있습니다!**

우리 아이는 왜 이럴까?	실은, 이런 장점이 있습니다!
부주의한 실수가 많다	사소한 것은 마음에 두지 않는다
정리정돈이 서투르다	자기 스타일의 정리법이 있다
고집이 세고 기분 전환을 못한다	무엇이든 철저히 한다
말로 주고받는 것이 서투르다	보고 이해하는 것은 자신 있다
가만히 앉아 있는 것이 서투르다	몸을 움직이는 것은 잘한다
모두에게 맞추는 것이 서투르다	남에게 휩쓸리지 않는다
바로 싫증을 낸다	전환이 빠르다
높은 곳에 올라 간다	용기가 있다
지는 것을 싫어한다	승부욕이 있다
물건을 자주 잃어버린다	물건에 너무 집착하지 않는다
집중력이 없다	다양한 것에 흥미를 가질 수 있다
웬만해선 시도하지 않는다	마음만 먹으면 할 수 있다
농담이 통하지 않는다	진지하고 솔직하다
친구와 잘 어울리지 못한다	혼자서도 있을 수 있다
관계 맺는 것을 잘 못한다	감각이 예민하다
기다리지 못한다	행동력이 있다

part 4

소아과 의사로서 드리는 조언

잊지 말아야 할 것이 있습니다. 아이의 어려움을 해결해 주기 전에 부모님도 달라져야 한다는 사실입니다. 부모님이 조금 달라지면 아이는 크게 바뀝니다.

1

항상 아이의 이야기를 먼저 들어 주세요

아이가 100점 만점인 시험에서 30점을 받아 왔을 때, 아이가 아침에 일어나지 않을 때, 아이가 낮에 먹은 도시락 통을 밤늦게 꺼내 놓았을 때 여러분이라면 어떤 식으로 말을 하겠습니까?

'이걸 점수라고 받아 온 거야? 공부를 안 했으니까 이 모양이지!', '으이구, 어제 늦게 자더니! 빨리 일어나!', '이런 걸 언제까지 엄마가 말해 줘야 해?' 등 무심코 잔소리를 하게 되죠. 제 자신도 무의식적으로 이런 말을 꽤 하고 맙니다.

그러나 잔소리를 해도 또 같은 일이 반복되고, 그때마다 서로 짜증스러워져 부모 자식 관계가 악화되고 있지는 않은가요?

먼저 아이의 이야기를 들어 주세요. 부모 입장에서는 '겨우 30점'이어도 아이에게는 '노력해서 얻은 30점'일지도 모릅니다. 애초에 시험 결과를 보여 준다는 것은 인정받고 싶어 하는 마음의 표현이기도 합니다. 그런 아이에게 '왜 이런 점수야?' 같은 말을 해 버리면 다음부터 아이는 시험 자체를 언급하지 않게 되겠지요. 다음과 같이 말해 보세요.

- 먼저 '시험 보느라 애썼구나, 보여 줘서 고마워'라고 말하며 '시험 결과를 어떻게 생각하니?'라고 본인의 의견을 물어보세요. 아이는 '어려웠어요'라고 말할 수도 있고 '노력했어요'라고 말할 수도 있어요.
- 다음으로 '어려웠구나', '노력했구나'라고 공감의 말을 전합니다.
- 마지막으로 '다음 시험 전에는 어떻게 할 수 있을까?'라며 함께 되돌아보기를 하거나 목표 설정을 할 수 있다면 가장 좋습니다.

아이는 부모님을 내 이야기 들어 주는 존재로 생각할 것이며, 나의 생각을 지지해 주는 한 팀으로 여길 것입니다.

2
아이가 왜 그런 행동을 했는지 생각해 보세요

심리학 중에 응용행동분석학이라는 분야가 있습니다. 이는 행동의 이유를 찾아 원하는 행동을 이끌어 내는 법을 연구하는 학문입니다. 최근에는 육아를 비롯하여 발달장애 치료에 활용할 뿐 아니라, 기업 경영과 스포츠 선수 매니지먼트 등에서도 널리 활용되고 있습니다.

여기에서는 어려운 내용은 생략하고 행동 요법의 핵심 내용만 예로 들겠습니다.

- 아이가 그렇게 행동한 이유를 전후 상황에서 추측해 보세요.
- 행동의 이유는 '요구', '거부', '주목', '감각' 네 가지로 분류할 수 있어요.
- 얻는 것이 있을 때 행동은 강화되고, 얻는 것이 없을 때 행동은 약화됩니다.
- 아이의 행동을 바꾸고 싶다면 ①행동 전의 상황을 바꾸거나 (환경을 조정한다), ②행동 그 자체를 바꾸면(다른 방법을 익힌다) 됩니다.

예를 들어 볼까요? 엄마가 숙제를 하라고 했을 때 아이가 짜증을 내는 경우, 전후의 상황을 통해 짜증을 낸 이유가 요구, 거부, 주목, 감각 중 어디에 속하는지 파악해 보세요. 장난감을 가지고 놀고 싶다면 '요구'일 것이고, 숙제를 하고 싶지 않다면 '거부'일 것이며, 엄마가 보살펴 주면 좋겠다라면 '주목', 자고 싶다라면 '감각'에 속할 것입니다.

아이는 짜증으로 얻는 것이 있다면 행동을 강화할 것이고, 얻는 것이 없다면 행동을 약화시킬 것입니다. 부모님 자신의 행동을 돌아보세요. 그동안 아이의 짜증을 강화시켜 온 것은 아닌지요.

행동을 교정하기 전에 짜증이라는 행동 자체가 나오지 않도록 할 수 있다면 더 좋을 것입니다. 그래서 장난감을 눈에 보이지 않도록 치우거나 숙제를 하고 나면 게임을 할 수 있게 하는 등의 요구를 들어 주는 시스템(보상 제도)을 만듭니다. 또는 '오후 3시가 되면 함께 간식을 먹자'라고 사전에 엄마의 사랑과 관심을 받을 수 있는 시간을 알려 주는 것도 좋습니다. 이처럼 환경을 조성하여 다른 행동을 이끌어 낼 수 있다면 서로가 짜증을 내는 일도 줄어들 것입니다.

3
아이를 혼내는 방법을 바꿔 보세요

어떤 이유로든 부모는 자녀를 때릴 법적 근거가 없습니다. 스웨덴은 40년 도 전에 세계 최초로 체벌 금지를 법률로 규정하였고, 여러 나라에서 그 뒤를 따르고 있습니다.

지금까지의 연구를 보면 체벌을 받은 아이는 '침착함이 없다', '집중력이 없다', '집단행동을 하지 못한다'와 같은 문제가 보고되고 있습니다. 게다가 사춘기가 되면 가정 내 폭력과 비행이 늘어난다는 보고도 있습니다.

폭언·폭력 등의 체벌은 아이에게 '어차피 나는 없어도 괜찮아'와 같은 자기 존재의 부정, '나는 쓸모없는 사람이야'와 같은 자기긍정감 저하를 초래합니다. 또한 적절한 대처 스킬을 배우지 못해(혼나지만 어떻게 하면 좋은지는 배우지 못한다) 장래에 똑같은 폭언·폭력을 부모님이나 친구 등에게 행사할 가능성이 있습니다.

부모님 입장에서는 폭언·폭력을 이용한 육아가 일순간 효과적으로 느껴지기도 하지만 그 효과는 단기적입니다. 또한 아이가 같은 실수를 반복하면 폭언·폭력은 보다 격화되는 경향이 있어 주의가 필요합니다.

만약 체벌을 할 것 같다면, 다음 페이지의 사항을 유의해 봐 주세요.

- 화를 내고 싶어졌을 때 6초를 마음속으로 세고 나서 말을 합니다.
- '아빠는 ~라고 생각해', '엄마는 ~해 주면 좋겠어'처럼 주어에 부모님 자신을 넣어서 뜻을 전달합니다('~하도록 해'와 같이 아이가 주어가 되면 아이도 감정적이 되기 쉽습니다).
- 그래도 스스로가 냉정하지 않다고 생각되면, 일단 그 자리를 벗어납니다(화장실에서 자기 어깨를 60회 교대로 토닥토닥 두드린다, 아이가 안전한 장소에 있다면 다른 방으로 가서 좋아하는 차분한 음악을 듣는다, 커피나 차를 마신다 등).
- 평소에 스트레스를 해소할 수 있는 나만의 방법을 찾아 놓습니다(이완 체조를 한다, 심호흡을 한다, 어깨를 토닥인다, 노래를 부른다, 음료를 마신다, 담요를 두른다 등).

그래도 잘 되지 않을 때에는 소아과나 정신건강의학과 등의 의료 기관에 상담을 받아 보는 것도 좋습니다.

4
엄마의 몸과 마음을 소중히 하세요

누구나 몸과 마음의 순조로운 상태와 나쁜 상태가 있습니다. 생활 리듬에 좌우되기도 하고 호르몬 균형이나 건강 상태, 일이나 가정의 상황으로도 좋음과 나쁨을 넘나듭니다.

　일이 바쁜데 부부 싸움까지 하고, 아이의 말과 행동으로 인한 고민까지 있다면 하루하루가 매우 힘들 것입니다. 게다가 한번 부정적인 생각이 시작되면 꼬리에 꼬리를 물어 짜증이 심해지지 않던가요? 어딘가 한 가지에 약간의 사소한 변화를 주면 그 고리를 끊고 하루하루 행복해질 수 있습니다.

- 우선 자신의 몸과 마음의 건강을 의식해 봅니다(수치화해도 괜찮습니다. 예를 들어 '최상의 컨디션을 100이라 하면 지금은 50 정도' 등).
- 그다음 마음의 컨디션이 평소보다 50퍼센트를 밑돈다고 느낀다면 자신이 편안해지는 방법(좋아하는 음악을 듣는다, 맛있는 디저트를 먹는다, 좋아하는 아로마 향을 피운다, 미용실이나 에스테틱 샵에 간다, 목욕할 때 좋아하는 입욕제를 사용한다, 잠을 잔다 등)을 시도해 봅니다.

- 일이나 가사에 대한 화가 크다고 느껴질 때는 '지금 하지 않으면 살아갈 수 없는 일' 이외는 과감히 뒤로 미룹니다.
- 혹 누군가 상담할 만한 사람이 있다면 '힘들다' 말하며 상담하는 것도 좋습니다.
- 만약 상담할 수 있는 사람이 없다면 노트나 스마트폰에 '짜증 난 기분'을 두서없이 쓰기 시작합니다(누군가에게 기분을 이야기하거나 노트에 쓰는 것만으로도 기분이 조금 편안해집니다).
- 그래도 '힘들다', '짜증이 심하다'라고 느낀다면 정신건강의학과나 상담 센터에 가 보는 것도 좋습니다.

자기 자신의 몸과 마음의 건강을 챙기는 것은 함께 생활하는 가족을 배려하는 행동으로 이어집니다. 부모님들은 자신에 관한 것은 무심코 뒤로 미루는 일이 많습니다. 하지만 아이를 위해서도 자신을 위해서도 너무 애쓰지 않아도 괜찮습니다. 부모가 행복해야 아이도 행복합니다.

5
게임이나 태블릿에 관한 규칙을 정하세요

인터넷은 그 이름대로 전 세계에 망이 뻗어 연결되어 있습니다. 스마트폰이나 온라인 게임을 보호자가 관리하지 않고 아이가 혼자서 하고 있다는 것은 아직 세상의 시스템이나 규칙을 모르는 아이가 온 세계를 혼자서 걸고 있는 것과 마찬가지입니다. 게임기나 태블릿, 스마트폰, 컴퓨터 등을 건넬 때는 다음과 같은 점에 주의해 주세요.

- 게임이나 스마트폰 등을 처음 이용하는 시기는 미룰 수 있는 한 최대한 뒤로 미루는 것이 좋습니다(이용 시작이 저연령일수록 의존증이 높아지고, 학업 성적은 내려가는 경향이 있습니다).
- 부모님의 것을 빌려주고 있다는 사실을 명확히 합니다(실제로 단말기 요금이나 통신비는 보호자가 지불하고 있어요).
- 부모님이 먼저 사용하여 능숙히 사용할 수 있게 된 후에 건넵니다(아이는 마치 모국어 사용자처럼 무섭고 빠른 속도로 자유자재로 사용할 수 있게 됩니다).

- 게임이나 태블릿, 스마트폰, 컴퓨터의 패스워드는 아이에게 절대로 알려지지 않도록 주의하세요.

- 사용할 수 있는 시간대나 사용 시간, 접속 가능한 범위를 앱마다 설정한 후에 빌려줍니다(구두 약속으로는 아이가 지키지 못하므로 반드시 기계나 단말기에서 설정을 해야 합니다).

- 기기를 충전시키는 환경은 거실 등 부모님의 감독이 미치는 범위로 한정합니다.

- SNS를 하는 것은 문장 쓰는 법이나 SNS와 관련된 규칙, 매너, 에티켓을 익힐 수 있을 때까지는 부모님과 함께합니다(사진을 올려서 자기 집이나 학교가 알려지거나 친구로부터 괴롭힘을 당하는 경우도 있으니 주의하세요).

- 합의하여 결정한 약속은 써서 보이는 곳에 붙이세요. 잘 지키지 않을 때에는 일정 기간 동안 빌려주는 것을 일시적으로 중지합니다('밤 9시에 잔다' 등의 목표를 정해서 달성했다면 다시 건네는 시스템을 만드세요).

6
가정의 문화는 부모가 만드는 것입니다

외래 환자를 진료할 때 부모님들에게 '고마워'라는 말을 많이 하도록 부탁드리고 있습니다. 제 자신도 직원이나 가족에게 가능한 한 감사를 전할 수 있도록 하루하루 의식하고 있습니다.

'고마워'는 매우 근사한 말로, 듣는 사람은 물론 하는 사람도 행복한 기분으로 만들어 줍니다. '고마워'라는 말은 전염됩니다.

학교를 방문했을 때였습니다. 아이들끼리 '고마워'나 '잘했어'와 같은 상대를 인정하는 말을 주고받는 학급이 있었는데 역시 선생님이 '고마워', '잘했어'와 같은 말을 의식적으로 아이들에게 하고 있었습니다.

고령자 분의 자택에서 진료를 할 때 가족이 돌아가신 분께 감사를 전하는 광경도 자주 보았습니다. 분명 이분도 생전에 가족에게 '고마워'라는 말을 자주 하셨을 것입니다.

학급 문화는 선생님이 만들고, 가정의 문화는 부모님이 만드는 것입니다. 사람을 바꾸고 문화를 만들기 위해서는 자신부터 실천해야 합니다. '평소보다 조금 빨리 일어나 줘서 아침 준비가 수월했어, 고마워!'처럼 사소한 것이라도 감사의 마음을 전해 보도록 합시다.

부디 '고마워'라는 말이 넘치는 가정을 이루어 주시기를 바랍니다.

part 5

자기긍정감과 사회성을 키우는 현실밀착 육아 스킬

평소에 아이를 대할 때 자기긍정감과 사회성을 키울 수 있는 육아 스킬을 적용해 보세요. 언제 어디에서도 자신 있고 누구와도 잘 어울리는 아이로 자라날 거예요.

1

미리 알려 주기

아이를 안심시키기 위해서는 지금부터 일어날 일이나 해야
할 일, 끝내는 시간 등을 미리 알려 주어야 합니다. 예를 들
면 계획이 갑자기 바뀌는 것을 싫어하는 아이의 경우, 계획
이 변경될지도 모른다는 사실을 사전에 알려 주기만 해도 마
음의 준비가 되어 매사를 순조롭게 진행합니다. 놀이뿐만 아
니라 공부도 끝나는 시간과 기준을 미리 말해 수용할 시간을
줘야 합니다. 이렇게 하다 보면 아이가 무언가 목표한 것을
이루지 못했을 경우에도 '지금까지 노력했으니 괜찮다'라는
사실을 자연스럽게 받아들이게 됩니다.

조금 있다가 내려가자

2

장소를 목적별로 구역화하기

물건을 자주 잃어버리는 아이에게는 문서 정리함이나 클리어 파일을 사용하여 정리하는 장소를 정해 주는 것이 좋습니다. 이렇게 구역을 나눠 주는 것은 기분 전환에 서툰 아이에게도 유용합니다. 대략으로라도 식사하는 곳, 공부하는 곳, 노는 곳과 같이 목적별로 실내의 구역을 나눠 주면 장소에 맞는 태도를 익히게 할 수 있습니다. 수업 중에 조용히 앉아 있는 것을 못하는 아이라면 선생님과 상의하여 교실 밖에 기분을 진정시킬 수 있는 공간을 마련해 주는 것이 좋습니다. 만일의 경우에는 그곳에 갈 수 있다는 안도감이 생기고 그곳에서 기분을 정리할 수 있습니다.

3

~~~~~~~~~

할 일은 적어서 보여 주기

초등학생이 되면 해야 할 일과 준비물이 많아지므로 메모지
에 써서 책가방이나 필통 안쪽에 붙여 놓으면 도움이 됩니
다. 집에서는 숙제나 기본 생활 습관을 메모해서 눈에 띄는
곳에 붙여 놓으면 여러 개의 과제를 잊지 않고 끝낼 수 있습
니다. 이렇게 시각화해서 보여 주는 방법은 무엇을 해야 하
는지 불안한 아이들에게 도움이 될 뿐만 아니라, 아이에게
잔소리를 끊임없이 해야 하는 부모님들에게도 유용한 방법
입니다. 해야 할 일 말고 목표를 적어 보이는 곳에 붙여 두는
것도 동기 부여에 도움이 되어 좋습니다.

4

산만해지는 물건은 숨기기

게임이나 장난감, 태블릿 등 눈에 들어오면 산만해지는 물건은 보이지 않는 곳에 숨겨 두세요. 집중력이 높아지고 행동의 전환도 쉽게 합니다. 학교에서 공부와 활동에 집중하게 하려면 선생님께 앞자리에 앉혀 줄 것을 요청해 보세요. 바깥 풍경이나 다른 학생의 모습을 보기 어려워 선생님에게 집중할 수 있습니다. 집에서는 책상을 벽에 맞대어 놓거나 책상 위에 가림막을 놓는 등으로 산만해지지 않는 방법을 고안하면 좋겠지요.

5

'뭐 괜찮아'라는 생각 연습시키기

달리기 시합이나 가위바위보 게임에서 졌을 때, 발표를 잘하
지 못했을 때 등 아이들도 생활 속에서 일이 잘 풀리지 않을
때가 있습니다. 엉엉 울거나 화를 내지 않고 '괜찮아'라고 생
각할 수 있도록 가정에서 연습을 함께해 주세요. 평소에 부
모님과 함께 카드 게임을 하여 게임에서 지는 경험을 해 보
는 등 사소한 분한 감정을 반복하여 느끼는 것이 중요합니
다. 경험이 쌓일수록 '괜찮아, 다음에 잘하면 돼'라고 점차
생각할 수 있게 됩니다. 잘 풀리지 않아도 끝까지 해내는 경
험도 하게 해 주세요.

6

'해냈구나'라고 말해 주기

잘하지 못하는 것을 극복하기 위해서는 성공 경험을 서서히 쌓아가는 것이 중요합니다. 그러기 위해서는 '해냈다'라고 하는 성취감이 필요합니다. 싫어하는 음식이 급식에 나왔는데 한 입이라도 먹었다, 긴장이 되는 발표회 무대에 올랐다, 수업 중에 어제보다 오래 앉아 있었다 같은 것이지요. 부모님은 이처럼 잘 견디어 낸 아이에게 "해냈구나!"라고 칭찬해 주세요. 작은 성공 경험들이 반복될 때 자기긍정감이 올라갑니다.

7

60초 이내에 칭찬하기

어떻게 하면 알아서 하는 아이로 만들 수 있을까요? 그것은 바로 60초 이내에 칭찬하는 것입니다. 자주 하기를 바라는 행동에는 바로 "잘했어"라고 말합니다. 예를 들어 자꾸 돌아다니는 아이가 앉아 있는 동안에 즉시 칭찬하는 식입니다. 만일 자리를 벗어난 경우에는 그 행동을 계속 모르는 척(주목하지 않는다)합니다. 관심을 받지 못한 아이는 적당한 때를 보고 아무 일도 없다는 듯 자리로 돌아오게 됩니다. 가능하면 잘하고 있을 때에 주목해 주세요. '칭찬받고 싶다'라는 마음이 강해져서 '하고 싶다'라는 기분으로 이어집니다.

진짜 멋있어!!
좋아~
그럼 이제 다른
포즈 해 볼까~

찰칵

찰칵

이렇게 하면
될까?

8

~~~~~~~~~~

짧고 긍정적으로 말하기

아이를 키우다 보면 "왜 정리를 안 하는 거야?" "제발 더럽
히지 마!"와 같은 부정적인 말을 쏟아내기 마련입니다. 아
이에게 반감을 심어 주지 않고 행동을 변하게 하고 싶다면
"깨끗하게 사용하자"처럼 목표로 삼고 싶은 밝은 결과를 떠
올리며 긍정적인 말을 사용해 보세요. 또 길게 설명을 하거
나 일장연설의 설교를 늘어 놓기보다, 구체적으로 해야 할
일을 짧은 단어로 전하는 편이 아이가 이해하기 쉽습니다.
여기서 핵심은 다음에도 하고 싶다고 생각하게 만드는 것입
니다.

9

~~~~~~~~~

6초 동안 참기

아이의 자는 얼굴을 보면서 '화내서 미안해'라고 반성해 본 적 있지 않나요? 사실 분노의 절정은 겨우 6초입니다. 이 시간을 스쳐 보내는 연습을 하다 보면 심하게 말을 하고 후회하는 일이 줄어듭니다. 아이를 바꾸려면 부모님도 달라져야 합니다. 분노를 조절하는 방법은 매우 간단합니다. 지나치게 화가 났다고 생각되면 일단 그 장소, 그 사람, 그 일에서 벗어나 눈을 감고 6초를 헤아리기만 하면 됩니다.

10

매직 워드를 사용하기

무심코 튀어나온 말 때문에 친구와의 대화가 어색해진 적 있으시죠? 아이와의 관계도 마찬가지입니다. 사소하지만 강력한 힘을 지닌 '매직 워드'를 사용해 보면 어떨까요? 아이의 기분을 긍정적으로 만드는 것이 핵심입니다. 첫 마디에 "거짓말이지?"라고 말하기보다 "정말?"이라고 말하는 것이지요. '좋아!', '귀여워!', '역시!' 같은 표현을 능숙하게 사용하면, 부모도 아이도 행복한 기분이 듭니다. 결과가 좋지 않을 때도 아이의 수고를 위로하는 말을 사용할 수 있게 된다면 더없이 좋겠지요.

음……
딴 사람 같아!!
파티에 갈 때는 딱이야!!
회사에서 일할 때는……
음 그러니까……

이미지 좀 바꿔 봤는데
어때?

11

좋아하는 것을 살려 주기

지하철에 대해 잘 안다, 그림을 잘 그린다, 운동에 자신 있다, 눈에 띄는 것을 좋아한다, 체스를 잘 둔다 등 아이가 행복한 기분을 느낄 수 있는 것이 있다면, 그것을 집단생활에서도 발휘할 수 있도록 합니다. 그림을 잘 그리는 경우는 학급 신문에 삽화를 그리게 하고, 운동에 자신이 있다면 릴레이 경주 선수로 활약하도록 돕습니다. 눈에 띄는 것을 좋아하는 아이에게는 학급 반장에 도전해 보게 하는 등 집단 안에서 활약할 수 있는 분야를 늘리도록 합시다. 자신감을 키울 수 있습니다.

훌라 댄스 팀

책 읽기가 좋아

12

혼내기보다 되돌아보기

아이에게 "잘못했어, 안 했어!"라며 화를 내는 일은 없나
요? 아이가 잘못된 행동을 했을 때에는 사과하는(죄송해요, 앞
으로 하지 않을게요 등) 것도 중요하지만, 어떻게 하면 같은 실수
를 반복하지 않을지 함께 되돌아보고 재발 방지책을 찾는 것
이 더 중요합니다. 사과하고 끝나는 것이 아니라 부모님과
아이가 함께 이럴 때는 어떻게 하면 좋은지 되돌아보면 집단
생활 속에서 일어나는 여러 가지 문제에도 대처할 수 있습니
다. 뿐만 아니라 나아가 세상살이를 잘할 수 있는 기술도 배
우게 됩니다.

뭔가 중요한 말을
함께하고 있네!

음음

13

역할을 부여하기

학교 쉬는 시간을 어떻게 보내면 좋을지 몰라 힘들어하는 아이라면 선생님과 상의하여 칠판 지우기, 프린트물 나눠 주기 등 역할을 부여해 보세요. 선생님이 아이에게 고마움을 전함으로써 아이는 자기긍정감이 높아지고, 쉬는 시간에 해야 할 일을 하기 바빠서 다른 아이와 문제를 일으킬 일도 줄어듭니다. 가정에서는 어떤 집안일을 맡을지 정해서 함께하자고 해 보세요. 책임감이 생기면서 아이가 해야 할 일에도 적극적으로 변하는 긍정적인 효과가 있습니다.

14

~~~~~~~~~~~~

적절한 보상해 주기

사람의 마음과 행동은 노력과 보상이라는 저울에 따라 움직이는 일이 많습니다. 예를 들면 자원봉사를 하는 사람도 '성취감'이라는 보상이 있기에 움직이는 것이지요. 아이도 마찬가지입니다. 수업에서 한 번은 발표를 한다, 친구와 싸우지 않는다 등의 구체적인 목표를 정해서 성공하면 포인트나 스티커를 주는 시스템을 만들어 보세요. 100점이 모일 때마다 용돈을 주거나 게임 시간을 늘리는 등의 보상을 고안해 봅시다. 상을 건네기만 하는 것이 아니라 반드시 칭찬도 함께해 주세요.

15

~~~~~~~~~~

'고마워'라고 자주 말하기

"웃으면 복이 온다"라는 말이 있습니다. 웃으면 자신뿐 아니라 상대의 기분도 좋아지게 하고, 면역력도 높여서 건강하게 해 줍니다. 다른 사람의 사소한 행동에도 "고마워!"라며 감사 인사를 전하면 상대뿐만 아니라 자신도 웃는 일이 늘어나겠지요. 핵심은 '고마워'라는 말의 장벽을 낮추는 것입니다. 우선 부모님부터 가족 등 가까운 사람에게 '고마워'라는 말을 의식하며 전해 보도록 합시다. 이렇게 당분간 계속하면 아이에게서도 "고마워요!"라는 메아리가 돌아옵니다. 감사의 말을 들은 아이는 일상의 모든 것에서 의욕이 상승할 것입니다.

이거
떨어뜨렸어

고마워

오늘부터 할 수 있다 마법의 대화법

① 짧은 단어로
② 애매한 표현은 피하고
③ 긍정적으로

부정적인 말   긍정적인 말

뛰지 마! → 멈추도록 해.

시끄러워! → 작은 소리로 말해 보자.

말투가 왜 그래? → 말하는 법을 생각해 보자.

대체 뭐 하는 거야! → 놀고 싶었나 보구나.

거짓말하지 마! → 사실을 말해 볼래?

던지면 안 돼! → 조용히 내려 놓을까?

잊은 거 없어? 정말? → 다 챙겼는지 확인해 보자.

왜 얌전히 있지를 못하니? → 앉도록 하자.

어지럽히지 마! → 정리하자.

만지지 말라니까! → 만져도 되는지 물어볼까?

뚝, 울지 마! → 말로 해 볼래?

멋대로 뺏거나 하는 거 아니야! → 가져도 좋은지 물어봐야 해.

실패
한다

Bad

하지 못한 것을
혼낸다

기대에
부응하지
못했다

실패하지
않으려고
움츠러든다

자기긍정감이
내려간다

나는
불가능하다고
생각한다

DOWN

KOSODATE HAPPY SUPPORT BOOK

© 2021 Yusaku Endo, Yumiko Sasada
Original Japanese edition published by Astra House Co., Ltd.
Korean translation rights arranged with Astra House Co., Ltd.
through The English Agency (Japan) Ltd. and Danny Hong Agency
Korean translation rights © 2022 by BluemooseBooks

초판 1쇄 발행 2022년 4월 15일

지은이 엔도 유사쿠, 사사다 유미코
옮긴이 송소정

펴낸이 金昇芝
편집 이승미
디자인 ALL designgroup

펴낸곳 블루무스
전화 070-4062-1908 **팩스** 02-6280-1908
주소 서울시 마포구 월드컵북로 400 5층 21호 **출판등록** 제2018-000343호
이메일 bluemoosebooks@naver.com **홈페이지** www.bluemoosebooks.co.kr
인스타그램 @bluemoose_books

ISBN 979-11-91426-34-2   03370

블루무스는 일상에서 새로운 시선을 발견해 현재를 더욱 가치 있게 만들고자 합니다.